六朝時期廣州的開發

文農題

古紹璋 原著
古競豪 編校

謹以此書紀念 先嚴紹璋先生辭世四十週年

古兢豪敬誌

1984 年 4 月 24 日與妻兒遊覽香港中文大學校園時合攝。這是古紹璋先生生前最後遺照。

目錄

代序

敬悼紹璋 *

陳耀南

二十一年前，紹璋小學畢業，升入英華，開始認識一班好朋友，特別是那幾天來慰問、協助紹璋家人、來見紹璋最後一面的朋友。我也在二十一年前，在英華開始教書；彼此的友誼，就這樣開始。後來，我們好幾位又先後在港大中文系生活，彼此一直有親切的共同言語。前前後後，不覺又二十一年了。

二十一年，向前望，可能不短；往後看，所謂前塵如夢，往事如煙，又真的恍同昨日。二十一年來，我眼見紹璋由一位天真而勤奮的、在 Form 1E 坐第一排最近門口或者最近窗口的那位小朋友；成為一位既不因自己天生四肢短小

---

* 本書付梓前，欣蒙　先父恩師陳耀南教授惠賜 1984 年 5 月 8 日講於英華書院追悼會、翌日講於世界殯儀館禮堂的〈敬悼紹璋〉作本書序文，恩深義重，感激萬分！——古競豪敬謝。

而自卑、也不補償性地自大；而是適當地自信、泰然地自尊的中學生；成為一位有抱負、有專長的大學生；成為一位有心得、有見地的中國歷史碩士；成為一位教學盡力、輔導盡心的預科老師。二十一年來，我目睹紹璋自幼而長，都充分表現一種和平而堅毅、自強而仁愛的高貴性格。他絕不因為自己的限制，而自怨自憐，傷春悲秋；更不會憤世嫉俗，刻薄妬忌。記得當時全部中一都在英華五樓，後來中四、五、六、七的文科班，又都在四、五樓，年年月月，紹璋千百次攀上高高的樓梯，比其他人艱苦幾倍地登上樓梯，登上學校的樓梯，登上學問的樓梯，登上事業的樓梯。不錯，他付出了加倍的精力，克服了加倍的艱苦，但也鍛練成加倍堅毅的意志。最可貴的還是：他時常都如此心平氣和，甚至興奮愉快。在英華時，我常常看見他在體育課中，平靜而快樂地站在操場旁邊，欣賞同學們的龍騰虎躍。凡有運動會，他一定熱心打氣；如果是藝文方面的，他更加盡力為班奮鬥、為社爭光。他就是如此熱愛朋友、熱愛團體。在堅毅不拔地戰勝自己的困難的同時，他能夠開朗熱誠地，欣賞別人的成就。近兩年，紹璋成家立室，有了下一代，我們大家，都真正替他高興。

下一代漸漸成長，上一代漸漸老去，生老病死，本來就是無可避免的自然規律。不過，紹璋這樣就離開，就格外令人傷心，令人惋惜。紹璋對家庭、對母校，盡孝盡忠；對朋友，有信有義；對學生，既仁且愛；而紹璋的自處，亦堅毅、亦和平。我即使忝稱舊日師長，實在有許多地方，要反過來向紹璋學習。

這次，我們失去了一位好朋友，失去了一位好教師。我們固然難過，紹璋的家人，就更是悲傷。兩老仍然在堂，就失去了辛苦培育成材的、獨一的兒子。還坐在學行車的、半歲不到的競豪，失去了扶持他的父親。娘家遠在臺南的太太，失去了所愛所靠的丈夫。妹妹失去了二十多年來手足情深的兄長。我們大家都替他們傷心，替他們悲痛；但，更希望他們保重，不要太過影響自己的身體：因為，紹璋在世的時候，固然努力不想他們為自己操心；在天之靈，也一定希望他們節哀順變，堅強地生活下去。

紹璋這次離開，雖然似乎早了一些；但，他在世寄居的日子，也不算太短，更加絕沒有白費。窮通壽夭，從來都難以預知、難以理解。我們所相信的是：生命的意義，在於一生的作為；生命的價值，並不在乎日子的長短。何況，這三十三年之中，紹璋所過的，是香港安定的、進步繁榮的日子。紹璋在關心愛護中成長，亦以關心愛護，回報了他的父母妻妹、親戚朋友。紹璋對眾生共有的、或多或少的、無可如何的限制，泰然自處；我們對紹璋盡其在我的、自強不息的、立己立人的奮鬥，更加肅然起敬。紹璋有優美的品性，獲取廣泛而深厚的友誼；有足夠的才學，得到事業上的成就——特別是：紹璋已經將他的精力、他的學養，在九年之中，回報了教育他七年的母校、他所引以為榮的、他所念念不忘的英華，我們會像他一向關心朋友、關心學生一般，關心他的家人。我們誠懇祝福紹璋所愛的人，特別是他的下一代，健康成長。我們希望、也相信，紹璋在天之靈，一定會安慰。

陳耀南教授在古紹璋先生喪禮中致悼辭

UNIVERSITY OF HONG KONG

FACULTY OF ARTS

DEPARTMENT OF CHINESE

A THESIS

The Development of Kuang-chou During

The Six Dynasties Period (221 - 589 A.D.)

六朝時期廣州的開發

Submitted by

KU SIU CHEUNG

Supervised by

MR. FRANK F. K. CHIN

September, 1978

古紹璋〈六朝時期廣州的開發〉論文手稿封面

17×15＝255

第一節　廣州地方的少數民族及其勢後情形

歷來凡言及嶺南的開發問題，由秦漢以迄唐宋，都必須留意少數民族在該地所產生之影響。因為自秦始皇三十三年（公元前二一四年）開闢嶺南四郡時開始，少數民族即對中原的勢力南下，深感不安，而予以激烈反抗。但隨着中原政局動蕩，漢人南遷者日眾，帶來了高度的文化和生產技術，卻又使嶺南的開發得以加速。清代著名廣東學者屈大均便有如下的看法。廣東新語卷七人語25又真粵人條（頁二三二）：

自秦始皇發諸嘗逋亡人，贅婿，賈人略取揚越，以謫徙民與越雜

香港大學中文學會　　第247頁

古紹璋〈六朝時期廣州的開發〉論文手稿內文

三國吳永安五年（262）交廣地圖

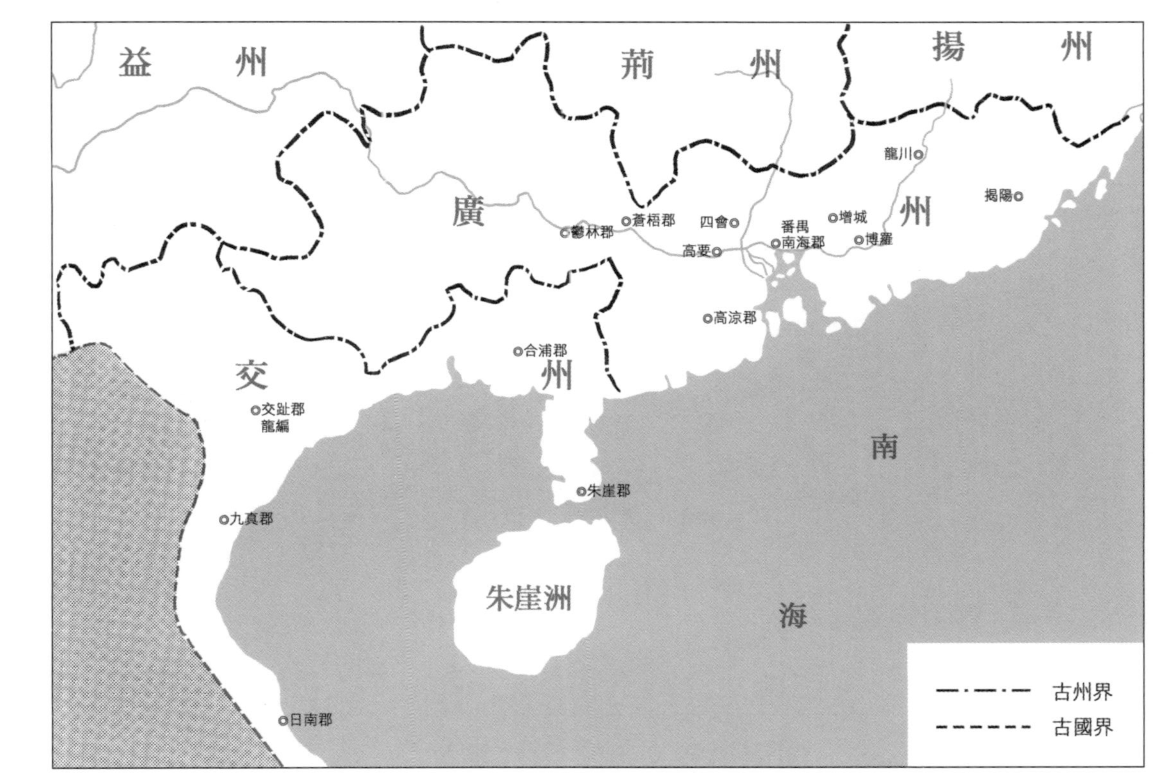

晉太康二年（281）交廣地圖

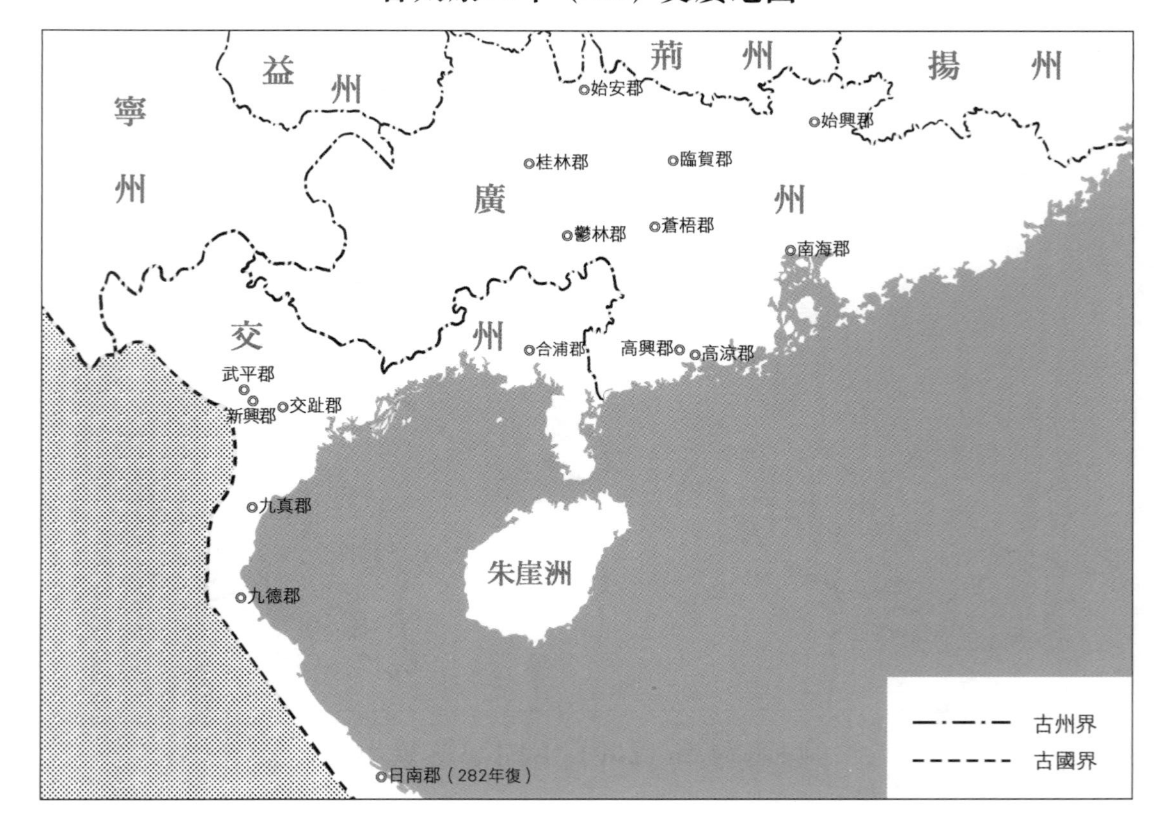

南齊建武四年（497）廣越地圖

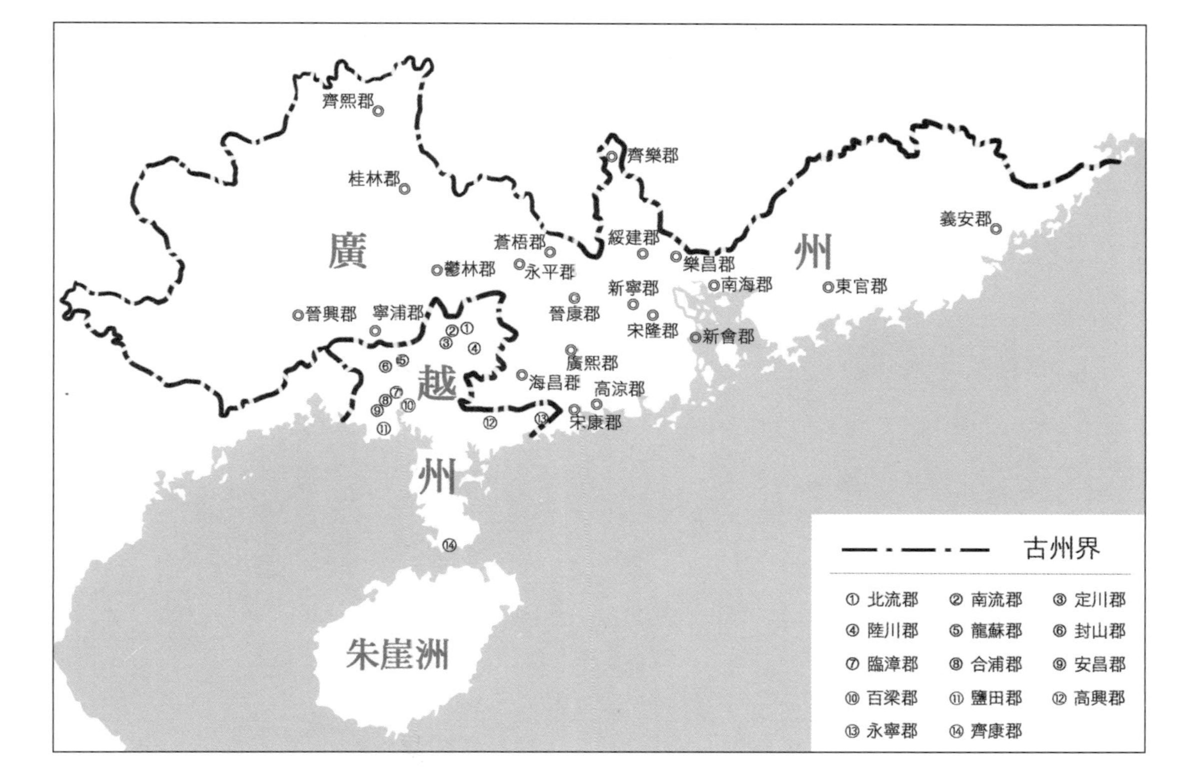

導言

中華民族的發展，有著一個趨勢，那便是由中原地帶向四處擴散。隨著人口的日益增加，版圖也更見遼闊，向四周的擴展也更見加速。

中國的郡縣統治，始於秦朝（前 221–前 207）。隨著戰國（前 476–前 221）分裂局面的結束，大一統王朝的建立，中華民族的擴張亦為之加速，而且向南北兩個不同方向同時開展。但今日讀史者多把著眼點放在秦始皇（嬴政，前 259–前 210，前 247–前 210 在位）對北方的經營，而忽略了秦王朝對南方開發的成就。其實，今天五嶺以南廣東省一帶被正式納入中國版圖，是開始於秦朝。

雖然秦始皇把嶺南納入帝國範圍，但由於天氣炎熱，叢林遍佈，加以偏處南陲，遠離中原，中原人士在此安家落戶者，可說是少之又少。故此，由秦至漢（前 202–220），嶺南跟中國的關係，只是政治上一種羈服，實際上仍未有很好的開發。

自三國（220–280）鼎立，孫吳（222–280）立國江東，為了要穩固後方基礎，以達到「進可攻，退可守」之目的，孫吳乃設法將其勢力向南方伸展，乃便分出交州部分領土，建置廣州。此後，六朝（222–589）皆用此作為行政區域的名稱。

及至晉朝（266–420），隨著八王之亂（291–306）及永嘉之亂（永嘉五年〔311〕）的爆發，中原陷入五胡亂華的大亂局面，當地漢人為避戰亂，被迫大規模南遷，於是，廣州的人口得以增加。南來的漢人帶來了高度的文化和生產技術，使廣州的開發步伐，日見加速。

六朝政權對廣州也不只是求其糜服，而是對其牢牢控制。任何割據勢力都在起事後不久，即遭消滅。地方官員的質素，也盡量提高，使在六朝期間，廣州地方出現了不少著名良吏。少數民族亦不再為亂，逐漸步上漢化之途。而在六朝期間，對廣州的開發，有著重要的影響，就是對外貿易日增，廣州逐漸取代交州的地位，成為中國南方第一大港。

我們研究廣州的發展歷史時，往往會發覺隨著時代的進展，廣州的開發也日見加速。但是一般史家在研究廣州的開發問題時，多把注意力放在秦漢和唐（618–907）宋（960–1279）這兩段時期，而忽略了魏晉六朝。

誠然，秦漢時期，乃為中國正式將嶺南納入版圖。自此以後，嶺南即成為中國領土不可割裂的一部分。唐宋時期，則為廣州蓬勃發展時代，海上交通日見發達，對外貿易大增，成為繁榮富庶的區域。因此，六朝既處於廣州由開發而至繁盛的一個過渡時期，便難免受到忽略了。但我覺得我們應重視歷史的連貫性而不是其中一、二片斷，廣州能從原始草昧落後環境而發展為對外交通經濟中心，這一個急劇的變遷，如無六朝時期的多方經營，廣州的開發也不會如此快速蓬勃。所以研究六朝時期廣州的開發，實在饒具意義。

本書所論述乃為魏晉六朝期間廣州的開發。「廣州」這個地理名稱，一般來説可分為廣義和狹義兩種解釋。

就廣義來説，最早見於史籍的「廣州」這個名稱，是黃武五年（226）孫吳政權分交州部分地區建置廣州。大體上當時的「廣州」包括今日廣東省的大部分、廣西省的一部分與越南北部的部分地區。此後，這個名稱在魏晉南北朝期間一直被沿用。本書所探討即為此一區域在六朝期間的開發。

至於狹義的「廣州」，只是指在中國歷史上有「羊城」、「穗城」之稱，在秦、漢、魏晉六朝期間或稱「番禺」，或稱「廣州」的廣州市。由於唐宋以來，人們多把廣州治所的番禺稱作廣州市，故此，「廣州」這個名稱便容易使人產生混淆。但是當時被稱為番禺的廣州市既為廣州轄區之一，本書自然也不會忽略它在六朝時期的發展情況。

| 第一章 |

六朝以前嶺南的開發與經營

一、秦代以前嶺南的狀況

古代的嶺南和中原的接觸，時間實比一般想像為早。考之於歷史文獻，雖各有說法，然始於周代一說，似較見穩當。《後漢書》卷 86〈南蠻西夷列傳〉稱：

> 交阯之南有越裳國。周公（姬旦）居攝六年，制禮作樂，天下和平，越裳以三象重譯而獻白雉，曰：「道路悠遠，山川岨深，音使不通，故重譯而朝。」[1]

由於山川阻隔，南方各族人民和中原的接觸交往，是頗感困難。

1 范曄（398–445）撰，李賢（655–684）等注：《後漢書》（北京：中華書局，1973），頁 2835。

到了春秋戰國時代，嶺南臣服於雄據長江中游的楚國。屈大均（1630–1696）在《廣東新語》卷 77〈宮語〉的〈楚庭〉條稱：

> 越宮室始於楚庭。初，周惠王（姬閬，? –前 652）賜楚子熊惲（楚成王，? –前 626）胙，命之曰：「鎮爾南方夷越之亂。」於是南海臣服於楚，作楚庭焉。越本揚越，至是又為荊越；本蠻揚，至是又為蠻荊矣。地為楚有，故築庭以朝楚。[2]

在楚人統治期間，嶺南地方產生了膾炙人口的五羊傳說。同書卷 5〈石語〉的〈五羊石〉條復稱：

> 周夷王（姬燮，? –前 878）時，南海有五仙人，衣各一色，所騎羊亦各一色，來集楚庭。各以穀穗一莖六出，留與州人，且祝曰：「願此闤闠永無荒飢。」言畢騰空而去，羊化為石。[3]

這個神話流傳至今，以致現在的廣州市仍被稱為五羊城、羊城、穗城。但如剝去神話的外衣，這傳說可以啟示我們，於

---

2 屈大均：《廣東新語》（香港：中華書局，1974），頁 460。

3 同上書，頁 180。

周夷王時代（約前900），廣州從來自中原、文化較高的民族，傳來了耕種技術、畜牧事業、織造技術，改進了南方的生產水平。

二、秦代嶺南的開發與經營

今日的嶺南正式納入中國版圖，始自秦代。自秦始皇削平六國後，乃南向用兵，分五路入嶺南。秦始皇三十三年（前214），嶺南平定。《史記》卷六〈秦始皇本紀〉載：

> （秦始皇）三十三年，發諸嘗逋亡人、贅婿、賈人略取陸梁地，為桂林、象郡、南海，以適遣戍。……（秦始皇）三十四年（前213），適治獄吏不直者，築長城及南越地。[4]

嶺南地區自此成為中國版圖的一部分，中原人士的南來，帶來了文明和生產技術，使南方的開發，逐漸加速。

然秦祚短暫，自秦始皇三十三年建立南海郡後，不過七年，至子嬰（嬴子嬰，?－前206，前207在位）元年（前207），天下又告大亂。代理南海尉事的趙佗（南越武王，前

4　司馬遷（前145－？）：《史記》（北京：中華書局，1972），頁253。

240／前 241–前 137，前 203–前 137 在位），便乘亂自立，割據一方。《史記》卷 113〈南越列傳〉稱：

> 南越王尉佗者，真定人也，姓趙氏。秦時已并天下，略定楊越，置桂林、南海、象郡，以謫徙民，與越雜處十三歲。佗，秦時用為南海龍川令。至二世時，南海尉任囂（前 268–前 206）病且死，召龍川令趙佗語曰：「聞陳勝等作亂，秦為無道，天下苦之，⋯⋯南海僻遠，吾恐盜兵侵地至此，吾欲興兵絕新道，自備，待諸侯變，會病甚。且番禺負山險，阻南海，東西數千里，頗有中國人相輔，此亦一州之主也，可以立國。郡中長吏無足與言者，故召公告之。」即被佗書，行南海尉事。囂死，佗即移檄告橫浦、陽山、湟谿關曰：「盜兵且至，急絕道聚兵自守！」因稍以法誅秦所置長吏，以其黨為假守。秦已破滅，佗即擊并桂林、象郡，自立為南越（前 203–前 111）武王。[5]

秦末天下大亂時，趙佗利用嶺南的地理位置比較偏僻，交通不便，遭橫亙東西的五嶺阻擋，而割據獨立。他的做法，雖然使嶺南在大亂中不披戰火，然而這種分裂活動，卻使嶺南接受漢化的過程，在一定程度上，受到阻礙。

5 同上書，頁 2967。

三、西漢時期嶺南的開發與經營

自漢高祖劉邦（前 256/前 247–前 195，前 202–前 195 在位）一統天下後，有鑑於國家歷經戰亂，正需休養生息，故對南越不加討伐，反之，更承認趙佗的統治地位。《史記》卷 113〈南越列傳〉載：

> 高帝已定天下，為中國勞苦，故釋佗弗誅。漢十一年（前 196），遣陸賈（前 240–前 170）因立佗為南越王，與剖符通使，和集百越，毋為南邊患害，與長沙接境。[6]

此後漢廷與南越維持了數十年的和平，漢廷用羈縻政策對待南越，南越亦承認漢廷的統治權力，自稱臣屬。

至漢武帝（劉徹，前 156–前 87，前 141–前 87 在位）時，南越趙氏已由趙佗、趙眜（南越文王，前 176–前 125，前 137–前 125 在位）、趙嬰齊（南越明王，? –前 113，前 125–前 113 在位）而傳至趙興（南越哀王，? –前 112，前 113–前 112 在位），權臣呂嘉（ ? –前 110）因力阻趙興內屬不果，乃起兵造反，殺趙興、太后及漢使。雄才大略的漢武帝遂決心興兵討伐。《史記》卷 113〈南越列傳〉載：

6　同上書，頁 2967–2968。

> 元鼎五年（前 112）秋，衛尉路博德為伏波將軍，出桂陽，下匯水；主爵都尉楊僕為樓船將軍，出豫章，下橫浦；故歸義越侯二人為戈船、下厲將軍，出零陵，或下離水，或抵蒼梧；使馳義侯因巴蜀罪人，發夜郎兵，下牂柯江：咸會番禺。[7]

在漢軍的強大攻勢下，只一年時間，南越趙氏的割據政權，便告覆亡。漢武帝略定南越後，乃將其地分為：南海、蒼梧、鬱林、合浦、交阯、九真、日南、珠崖、儋耳九郡，九郡合隸成交州。

隨著嶺南重新回歸中國懷抱，南北經濟、文化交流日趨頻繁。位處南海郡的番禺，因接近南海，又為西江、東江、北江三水的總匯，境內水道縱橫，物產豐富，乃發展成貿易港口。《史記》卷 129〈貨殖列傳〉載：

> 九疑、蒼梧以南至儋耳者，與江南大同俗，而楊越多焉。番禺亦其一都會也，珠璣、犀、瑇瑁、果、布之湊。[8]

《漢書》卷 28 下〈地理志．下〉復稱：

7 同上書，頁 2975。
8 同上書，頁 3268。

> 粵地，……今之蒼梧、鬱林、合浦、交阯、九真、南海、日南，皆粵分也。……處近海，多犀、象、毒冒、珠璣、銀、銅、果、布之湊，中國往商賈者多取富焉。番禺，其一都會也。[9]

番禺即為六朝時期的廣州。由此可見，這個地區在漢代已成南方貿易中心。

雖然兩漢時代自中原南移定居嶺南者日眾，商業貿易日增，但文化風俗與中原相比，仍比較落後。所以，勞榦(1907–2003)〈二千年來的中越關係〉一文論及兩漢時期南方的發展時，便有下列的看法：

> 在兩漢時期，雖然中央對地方控制的力量甚大，但廣東、廣西以及越南地區的文化還是不高，而內地人去的也還是不算多。再加上民族複雜，所以問題並不是沒有。[10]

因此，嶺南的開發，還得待六朝時期。

9　班固（32–92）撰，顏師古（581–645）注：《漢書》（北京：中華書局，1962），頁1671。

10　勞榦：〈二千年來的中越關係〉，載郭廷以（1904–1975）等主編：《中越文化論集》（臺北：中華文化出版事業委員會，1956），頁43。

|第二章|

孫吳時期廣州的建置與開發

一、廣州的建置

廣州的建置，是和漢末、三國時期吳地孫氏勢力向嶺南伸展分不開的。

東漢（25–220）末年，經過了黃巾與董卓（？–192）之亂後，各地州牧乘時紛紛割據自立。孤懸南方的交州，自刺史朱符（？–195）死後，出生於蒼梧廣信的交阯太守士燮（137–226）便乘機擴展勢力，總攬州政。他的三位弟弟士壹、士䵋、士武相繼出領為合浦、九真、南海太守。士家遂在漢末大亂期間，於交州稱雄一方。《三國志》卷 49〈吳書 · 士燮傳〉載：

> 燮兄弟並為列郡，雄長一州，偏在萬里，威尊無上。出入鳴鍾磬，備具威儀，笳簫鼓吹，車騎滿道，胡人夾轂焚燒香者常有數十。妻妾乘輜軿，子弟從兵騎，當時貴

> 重，震服百蠻，尉他（趙佗）不足踰也。[1]

同時，士燮亦在境內行仁政，講《春秋》，招徠中原士人無數。因此，雖然處在東漢末年的大亂時期，交州仍得以保持安定。《三國志》卷 49〈吳書．士燮傳〉復載：

> 燮體器寬厚，謙虛下士，中國士人往依避難者以百數。耽玩《春秋》，為之注解。陳國袁徽與尚書令荀彧（163–212）書曰：「交阯士府君既學問優博，又達於從政，處大亂之中，保全一郡，二十餘年疆埸無事，民不失業，羈旅之徒，皆蒙其慶，雖竇融（前 16–62）保河西，曷以加之？」[2]

不久，為著荊州牧劉表（142–208）的窺伺交州，漢廷更賜璽書予士燮，承認其在交州的統治權力，而士燮亦向漢廷納貢，表示效忠。《三國志》卷 49〈吳書．士燮傳〉稱：

> 朱符死後，漢遣張津為交州刺史，津後又為其將區景（？–210）所殺，而荊州牧劉表遣零陵賴恭代津。是時蒼

---

1 陳壽（233–297）撰，裴松之（372–451）注，陳乃乾（1896–1971）校點：《三國志》（北京：中華書局，1973），頁 1192。

2 同上書，頁 1191。

> 梧太守史璜死，表又遣吳巨（？–210）代之，與恭俱至。漢聞張津死，賜燮璽書曰：「交州絕域，南帶江海，上恩不宣，下義壅隔，知逆賊劉表又遣賴恭闚看南土，今以燮為綏南中郎將，董督七郡，領交阯太守如故。」後燮遣吏張旻奉貢詣京都，是時天下喪亂，道路斷絕，而燮不廢貢職，特復下詔拜安遠將軍，封龍度亭侯。[3]

稍後，已在江東建立政權的孫權（吳大帝，182–252，229–252在位），為了擴張領土，乃派遣步騭（？–247）為交州刺史，「領武射吏千人，便道南行」，[4] 以武力作後盾，取得了交州的統治權。士燮在孫權的武力下屈服，向其效忠。屈大均在《廣東新語》卷 7〈人語・士燮〉稱：

> 建安十五年（210），孫權遣步騭為交州刺史。騭至，燮率兄弟奉承節度，權加燮左將軍。建安末年，燮遣子廞入質，又誘導益州豪雍闓（？–225）等東附，權益嘉之，遷衛將軍，封龍編侯。[5]

3　同上書，頁 1192。
4　同上書，卷 52，〈吳書・步騭傳〉，頁 1237。
5　屈大均：《廣東新語》，頁 222。

當時，孫權因交州新附，不敢妄動士家固有勢力，因此，便採取了羈縻政策，只求其內附。彼此遂得以相安了一段長時期。

黃武五年（226），士燮以九十高齡去世，交州情勢乃產生了急劇的變化。孫權趁著這個機會，伸展其勢力入交州，分割士家的力量，將交州劃分為交、廣二州，並委派親信官員為刺史，以便治理。《三國志》卷 49〈吳書．士燮傳〉載：

> 權（孫權）以交阯縣遠，乃分合浦以北為廣州，呂岱（161–256）為刺史；交阯以南為交州，戴良為刺史。又遣陳時代燮為交阯太守。[6]

孫權這種分割交州，建置廣州的手段，直接打擊了士家的勢力。因此，為著保有已得的利益，士家便不得不起而反叛，與孫吳政權鬧至兵戎相見。《三國志》卷 60〈吳書．呂岱傳〉載：

> 交阯太守士燮卒，權（孫權）以燮子徽（？–226）為安遠將軍，領九真太守，以校尉陳時代燮。岱表分海南三郡為交州，以將軍戴良為刺史，海東四郡為廣州，岱自為刺史。遣良與時南入，而徽不承命，舉兵戍海口以拒良等。岱於是上疏請討徽罪，督兵三千人晨夜浮海。或謂岱曰：「徽藉累世之恩，為一州所附，未易輕也。」岱曰：

6 陳壽：《三國志》，頁 1193。

> 「今徽雖懷逆計，未虞吾之卒至，若我潛軍輕舉，掩其無備，破之必也。稽留不速，使得生心，嬰城固守，七郡百蠻，雲合響應，雖有智者，誰能圖之？」遂行，過合浦，與良俱進。徽聞岱至，果大震怖，不知所出，即率兄弟六人肉袒迎岱。岱皆斬送其首。徽大將甘醴、桓治等率吏民攻岱，岱奮擊，大破之，進封番禺侯。於是除廣州，復為交州如故。[7]

雄據南方的士家，在這場戰亂中，終於敵不過孫吳政權的力量而被消滅。孫權也感到分割交州，建置廣州，意想不到惹起地方強烈的反對；而原有的割據力量既已被滅，再無需要分而治之。因此，他便將廣州復納入交州。

由孫權建置的廣州，在不到一年時間，便重新併回交州。在這樣的短暫時間內，我們當然不能看到廣州有何發展。但後世卻清楚見到廣州的建置，是坐領江東的孫吳政權為將勢力擴展入嶺南，而刻意打擊土著世族的一項步驟。所以，我們可以說，廣州的建置，帶來了南下勢力和土著勢力的尖銳矛盾，而這矛盾，是以南下勢力戰勝土著力量而告終。

7　同上書，頁 1384–1385。

二、孫吳時期廣州的政治

孫吳政權治下的交州，並未因士家的力量被剷除，而告穩定。反之，卻是動亂頻仍。曾隨呂岱入交廣的薛綜（？－243），便於呂岱被調離交州後，上書孫權，提出必須慎重委派繼任者。《三國志》卷53〈吳書．薛綜傳〉載錄他的上奏，稱：

> ……今日交州雖名粗定，尚有高涼宿賊；其南海、蒼梧、鬱林、珠官四郡界未綏，依作寇盜，專為亡叛逋逃之藪。若岱不復南，新刺史宜得精密，檢攝八郡，方略智計，能稍稍以漸治高涼者，假以威寵，借之形勢，責其成效，庶幾可補復。如但中人，近守常法，無奇數異術者，則羣惡日滋，久遠成害。故國之安危，在於所任，不可不察也。[8]

由薛綜的上疏，我們可看到交州的難治；而治安不靖，往往構成混亂，從而動搖孫吳政權的統治。果然，在赤烏十一年（248），交州的少數民族便起而為亂。《三國志》卷61〈吳書．陸胤附傳〉載：

8 同上書，頁1253。

> 赤烏十一年，交阯九真夷賊攻沒城邑，交部騷動。以胤（陸胤）為交州刺史、安南校尉。胤入南界，喻以恩信，務崇招納，高涼渠帥黃吳等支黨三千餘家皆出降。引軍而南，重宣至誠，遺以財幣。賊帥百餘人，民五萬餘家，深幽不羈，莫不稽顙，交域清泰。[9]

這次騷亂，在陸胤大力斡旋下，以兵不血刃的方式平定了。但相隔不久，於孫休（吳景帝，235–264，258–264 在位）永安六年（263），曹魏（220–266）剛滅蜀漢（221–263）後不久，交州再次爆發大規模叛亂。這次暴亂因有地方官員參與，且與曹魏互通聲氣，而顯得更形嚴重。《三國志》卷 48〈吳書・孫休傳〉載：

> （永安六年）五月，交阯郡吏呂興（？–264）等反，殺太守孫諝（？–263）。諝先是科郡上手工千餘人送建業，而察戰至，恐復見取，故興等因此扇動兵民，招誘諸夷也。……呂興既殺孫諝，使使如魏，請太守及兵。[10]

這時，魏國剛滅蜀漢，兵鋒直指孫吳，對呂興的求援，迅即響應，並於魏元帝（曹奐，246–302，260–266 在位）咸熙元

9　同上書，頁 1409。
10 同上書，頁 1161。

年（吳景帝永安七年，264）九月「以興為使持節、都督交州諸軍事、南中大將軍，封定安縣侯，得以便宜從事，先行後上」。[11] 在這緊急情況下，孫吳政權再施以往制衡交州士家的舊法，「復分交州，置廣州」。[12] 自此以後，廣州便正式沿置，再不合併於交州；可是，交州的亂事，仍一直未能平息。

孫皓（吳末帝，243–284，264–280 在位）繼位後，交、廣的局勢，仍未穩定。寶鼎三年（268），前往南方平亂的孫吳軍隊更被擊敗。《三國志》卷 48〈吳書．孫皓傳〉載：

> 是歲（寶鼎三年），遣交州刺史劉俊（？–268）、前部督脩則（？–268）等入擊交阯，為晉將毛炅（？–271）等所破，皆死，兵散還合浦。[13]

我們於此可見交、廣亂事，此時已越演越烈，並有晉軍參與，故孫吳政權若不及早平亂，則有陷入兩線作戰、前後受敵之虞。孫皓遂在次年命將舉兵南下。同上書卷 48〈吳書．孫皓傳〉復載：

---

11 同上書，卷 4，〈魏書．陳留王奐紀〉，頁 152。
12 同上書，卷 48，〈吳書．孫休傳〉，頁 1162。
13 同上書，頁 1167。

（孫皓建衡元年〔269〕）遣監軍虞汜（218–？）、威南將軍薛珝、蒼梧太守陶璜（？–290）由荊州，監軍李勗（？–270）、督軍徐存（？–270）從建安海道，皆就合浦擊交阯。[14]

孫吳大軍經過兩年苦戰，卒告平定交阯。同上書卷48〈吳書·孫皓傳〉稱：

是歲（建衡三年〔271〕），汜（虞汜）、璜（陶璜）破交阯，禽殺晉所置守將，九真、日南皆還屬。大赦，分交阯為新昌郡。[15]

呂興等人之亂被平息後不過八年，廣州又再發生叛亂，聲勢遠較以往浩大。《三國志》卷48〈吳書·孫皓傳〉載：

（天紀）三年（279）夏，郭馬反。馬本合浦太守脩允（？–279）部曲督。允轉桂林太守，疾病，住廣州，先遣馬將五百兵至郡安撫諸夷。允死，兵當分給，馬等累世舊軍，不樂離別。皓（孫皓）時又科實廣州戶口，馬與部曲將何典、王族、吳述、殷興等因此恐動兵民，合聚人眾，

14 同上注。
15 同上書，頁1168。

> 攻殺廣州督虞授（？–279）。馬自號都督交、廣二州諸軍事、安南將軍，興廣州刺史，述南海太守。典攻蒼梧，族攻始興。八月，以軍師張悌（236–280）為丞相，牛渚都督何植為司徒。執金吾滕循為司空，未拜，轉鎮南將軍，假節領廣州牧，率萬人從東道討馬，與族遇於始興，未得前。馬殺南海太守劉略（？–279），逐廣州刺史徐旗。皓又遣徐陵督陶濬將七千人從西道，命交州牧陶璜部伍所領及合浦、鬱林諸郡兵，當與東西軍共擊馬。[16]

是時，郭馬在廣州的叛亂，聲勢浩大，令孫皓震驚不已，甚至，被認為是孫吳政權滅亡的先兆。習鑿齒（317–383）《漢晉春秋》嘗記：

> 先是，吳有說讖者，曰：「吳之敗，兵起南裔。亡吳者，公孫也。」皓聞之，文武職位，至於卒伍，有姓公孫者，皆徙於廣州，不令停江邊。及聞馬反，大懼曰：「此天亡也。」[17]

果然，在南土騷亂不已，北面又有強敵壓境下，陷入南、北

---

16 同上書，頁 1172–1173。

17 習鑿齒撰，湯球（1804–1881）輯：《漢晉春秋輯本》，收入《叢書集成初編》（上海：商務印書館，1937 年據《史學叢書》本排印），頁 38。

兩線作戰困境的孫吳，未及平定郭馬之亂，已因晉軍大舉南下，吳人望風而潰，未及一年，便亡於晉室，從而結束了三國鼎立的局面。

整體而言，在孫吳管治的五十四年中，廣州一直動亂不絕。中原漢族南向發展備受阻力，而廣州便是在此背景下被建置起來。

三、孫吳時期廣州的開發

嶺南一帶，雖早在秦代已納入版圖，但在中原人士心目中，該地仍被視為不知禮教的蠻荒之地。從《後漢書》卷 76〈循吏傳〉有關任延（5–67）在漢光武帝（劉秀，前 5–57，25–57 在位）建武年間（25–56）的記載，我們可得見當時的若干情況：

> 建武初，延（任延）上書願乞骸骨，歸拜王庭（延時為大司馬屬，拜會稽都尉）。詔徵為九真太守。光武引見，賜馬雜繒，令妻子留洛陽。九真俗以射獵為業，不知牛耕，民常告糴交阯，每致困乏。延乃令鑄作田器，教之墾闢。田疇歲歲開廣，百姓充給。又駱越之民無嫁娶禮法，各因淫好，無適對匹，不識父子之性，夫婦之道。延乃移書屬縣，各使男年二十至五十，女年十五至四十，皆

> 以年齒相配。其貧無禮娉，令長吏以下各省奉祿以賑助之。同時相娶者二千餘人。是歲風雨順節，穀稼豐衍。其產子者，始知種姓。咸曰：「使我有是子者，任君也。」多名子為「任」。於是徼外蠻夷、夜郎等慕義保塞，延遂止罷偵候戍卒。[18]

這可見交州（包括當時未被劃分之廣州）在東漢時期，仍然是十分荒蕪落後，生產方法仍然停留在漁獵階段，不識牛耕稻種，以致百姓生活困乏。社會風俗方面，男女可以自行擇偶，無父子、夫婦倫常之道。這些情況，便使到生產技術先進，頗受儒家禮教薰陶的中原人士感到吃驚。

踏入三國時期，交、廣仍然相當荒蕪落後，以致曾隨呂岱開闢交阯的東吳名士薛綜亦感到吃驚。《三國志》卷 53〈吳書 · 薛綜傳〉載薛綜的上疏，稱：

> 自臣昔客始至之時，珠崖除州縣嫁娶，皆須八月引戶，人民集會之時，男女自相可適，乃為夫妻，父母不能止。交阯糜泠、九真都龐二縣，皆兄死弟妻其嫂，世以此為俗，長吏恣聽，不能禁制。日南郡男女倮體，不以為羞。由此言之，可謂蟲豸，有靦面目耳。[19]

---

18 范曄：《後漢書》，頁 2462。
19 陳壽：《三國志》，頁 1251–1252。

由是而觀，三國時交、廣之民性風俗，與東漢時相比，仍舊相當落後，無甚改進。這亦可反映廣州之難於管治。雖然如此，這偏遠的南土，卻蘊藏著豐富的珍奇寶貨，可遠輸中原，使孫吳國庫的收益，得以大增。《三國志》卷 49〈吳書·士燮傳〉載：

> 燮每遣使詣權，致雜香細葛，輒以千數，明珠、大貝、流離、翡翠、瑇瑁、犀、象之珍，奇物異果，蕉、邪、龍眼之屬，無歲不至。[20]

認為交州民風落後的薛綜，在提到當地的產物時，也不得不承認其出產豐盛。《三國志》卷 53〈吳書·薛綜傳〉載他上奏，稱：

> （當地）土廣人眾，阻險毒害，易以為亂，難使從治。縣官羈縻，示令威服，田戶之租賦，裁取供辦，貴致遠珍名珠、香藥、象牙、犀角、瑇瑁、珊瑚、琉璃、鸚鵡、翡翠、孔雀、奇物、充備寶玩，不必仰其賦入，以益中國也。[21]

20 同上書，頁 1192–1193。
21 同上書，頁 1252。

我們要留意的，就是這些珍寶貨玩，大都屬於中原罕見的消費品，是以深受歡迎。孫吳敵國曹魏，也派遣使節，往求交換。《三國志》卷 47〈吳書．吳主傳〉載：

> （嘉禾四年〔235〕）魏使以馬求易珠璣、翡翠、瑇瑁，權曰：「此皆孤所不用，而可得馬，何苦而不聽其交易？」[22]

這些翡翠、瑇瑁，不用說都是出產於南方的交、廣，而這些珍貨，運抵江東後，不僅可充貴族的玩物；而且可作貿易商品，與北方的曹魏通商，互易有無，使處於江南的孫吳得到對耕戰運輸皆有極大用途的馬匹。

文教方面，這個時期對交、廣的文化發展，最有深遠的影響，便是虞翻（164–233）的南來。虞翻，字仲翔，生於會稽餘姚。曾跟隨孫策（175–200），為富春長。及孫權坐領江東，升為騎都尉，為有名才士，但因性格爽直，常犯顏直諫，為孫權不喜。《三國志》卷 57〈吳書．虞翻傳〉載：

> 權既為吳王，歡宴之末，自起行酒，翻伏地陽醉，不持。權去，翻起坐。權於是大怒，手劍欲擊之，侍坐者莫不惶遽，惟大司農劉基（184–232）起抱權諫曰：「大

22 同上書，頁 1140。

> 王以三爵之後，手殺善士，雖翻有罪，天下孰知之？且大王以能容賢畜眾，故海內望風，今一朝棄之，可乎？」權曰：「曹孟德（曹操，155–220）尚殺孔文舉（孔融，153–208），孤於虞翻何有哉？」基曰：「孟德輕害士人，天下非之。大王躬行德義，欲與堯、舜比隆，何得自喻於彼乎？」翻由是得免。[23]

虞翻雖逃過此劫，不久又因駁斥重臣張昭（156–236）而惹怒孫權。同傳復載：

> 翻性疏直，數有酒失。權與張昭論及神仙，翻指昭曰：「彼皆死人，而語神仙，世豈有仙人也！」權積怒非一，遂徙翻交州。[24]

虞翻被遠徙交州後，以年老獲罪之身，遠處南方，當然很不好受；但卻因此激發其鑽研經籍的雄心，從而創建了一番文教事業。裴松之（372–451）《三國志注》援用的〈虞翻別傳〉稱：

> 翻放棄南方，云：「自恨疏節，骨體不媚，犯上獲罪，當長沒海隅，生無可與語，死以青蠅為弔客，使天下

23 同上書，頁 1321。
24 同上注。

一人知己者，足以不恨。」以典籍自慰，依《易》設象，以占吉凶。又以宋氏（宋忠，? –219）解玄頗有繆錯，更為立法，并著《明揚》、《釋宋》以理其滯。[25]

《三國志》卷 57〈吳書 · 虞翻傳〉載：

（虞翻）雖處罪放，而講學不倦，門徒常數百人。又為《老子》、《論語》、《國語》訓注，皆傳於世。[26]

虞翻一直在南土居留了十多年，一方面不忘故土，另一方面又大力發展當地文教，至七十高齡才去世。他的事功，一直在廣州傳誦著，直至今日的廣州市中，仍保留了虞翻曾經居住的遺址，這便是俗稱「未有廣州，先有光孝」的著名建築物光孝寺。清人仇池石輯《羊城古鈔》卷 3〈寺觀 · 光孝寺條〉載：

在城內西北一里，本尉佗（趙佗）元孫建德故宅，三國吳虞翻謫南海居此，廢其宅為苑囿，多植蘋婆苛子，時人稱為「虞苑」，又曰「苛林」。翻卒，妻子還吳，施其宅為寺，扁曰：「制止」。[27]

---

25 同上書，頁 1323。
26 同上書，頁 1321–1322。
27 仇池石輯：《羊城古鈔》（嘉慶十一年〔1806〕大賚堂藏板），卷 3，頁 34 上。

交、廣的文教，便由於虞翻的南來，而得以大加發揚，在當時人口稀少、文化落後的南土，而有數百生員跟隨虞翻學習先進的文化學術，可說得上是一件文教盛事。

吏治方面，在三國時期，對交、廣的開發進展，有著極大的功勞，便是在孫吳永安年間（258–264）出任交州刺史、平定夷亂的陸胤。當時的中書丞華覈（219–278）稱譽他的治績：

> （陸胤）還在交州，奉宣朝恩，流民歸附，海隅肅清。蒼梧、南海，歲有暴風瘴氣之害，風則折木，飛砂轉石，氣則霧鬱，飛鳥不經。自胤至州，風氣絕息，商旅平行，民無疾疫，田稼豐稔。州治臨海，海流秋鹹，胤又畜水，民得甘食。惠風橫被，化感人神，遂憑天威，招合遺散。至被詔書當出，民感其恩，以忘戀土，負老攜幼，甘心景從，眾無攜貳，不煩兵衛。自諸將合眾，皆脅之以威，未有如胤結以恩信者也。銜命在州，十有餘年，賓帶殊俗，寶玩所生，而內無粉黛附珠之妾，家無文甲犀象之珍，方今之臣，實難多得。[28]

這實在是一幅人民安定、歲樂豐足的圖畫，與此前薛綜所見的南土情況，簡直是天壤之別。這亦可見陸胤之治理成功和孫吳時期交、廣的日漸開發。

---

28 陳壽：《三國志》，卷 61，〈吳書・陸胤傳〉，頁 1410。

總括而言，在三國時期，孫吳的開拓廣州，除了維持和鞏固南方土地的統治外，亦因大量奇珍異寶自廣州而至，使孫吳的經濟大有裨益。但如從整個政局來看，孫吳的根據地，是荊州、揚州一帶，所孜孜經營的，亦是江東一帶。因此，雖然開拓了廣州，而孫吳政權所求的亦只是羈縻管治，而沒有進行大規模的開發。廣州之民生安定及地方進步與否，則要視每一到任刺史而定。所可惜的便是如呂岱、陸胤等見於正史的好地方官，卻是少之又少。

| 第三章 |

兩晉時期廣州的開發

一、西晉時期廣州的政治

晉武帝（司馬炎，236–290，266–290 在位）遣將平定江南，把孫吳納入版圖後，廣州的發展，也起了變化。首先，在一個統一的政權管治下，廣州成為全國政區之一，不再被割據勢力所據。晉室同時將廣州轄區增加，人口亦隨之日見增多。《晉書》卷 15〈地理志．下〉載：

> 廣州。案〈禹貢〉揚州之域，秦末趙他（趙佗）所據地。及漢武帝，以其地為交趾郡。至吳黃武五年，分交州之南海、蒼梧、鬱林、高梁四郡立為廣州，俄復舊。永安六年，復分交州置廣州，分合浦立合浦北部，以都尉領之。孫皓分鬱林立桂林郡。及太康（280–289）中，吳平，遂以荊州始安、始興、臨賀三郡來屬。合統郡十，縣

六十八，戶四萬三千一百二十。[1]

廣州轄下各郡的人口，茲據《晉書》卷15〈地理志·下〉表列如下：[2]

郡名	戶數
南海郡	九千五百
臨賀郡	二千五百
始安郡	六千
始興郡	五千
蒼梧郡	七千七百
鬱林郡	六千
桂林郡	二千
高涼郡	二千
高興郡	一千二百
寧浦郡	一千二百二十

從表中所列的戶口以觀，可得一概念，此則為當時南海郡竟轄戶九千五百，差不多佔全州人口百分之二十以上。於此，我們可見廣州發展的一項特殊性，即人口集中在南海郡一帶，由此而構成一個發展核心，向四處擴散。但於偏西的桂

1 房玄齡（579–648）等：《晉書》（北京：中華書局，1974），頁466。
2 同上書，頁466–468。

林、高涼、高興等郡，戶口便較少了。但總括而言，晉朝時廣州人口四萬三千一百二十戶，[3]已遠多於邊遠地區交州的二萬五千六百戶、[4]秦州的三萬二千一百戶、[5]涼州的三萬七百戶、[6]平州的一萬八千一百戶。[7]

廣州的人口逐漸地增加，對地區的開發，有著很大的幫助。但是，廣州的發展，卻仍然有著一定的局限性。最主要的，便是叛亂頻生。孫吳滅亡前的郭馬之亂，雖然在司馬氏南下時宣告煙消雲散，廣州亦迅速迎降，免除戰亂的破壞。《晉書》卷 57〈滕脩傳〉載：

> 孫皓時，（滕脩，？–288）代熊睦為廣州刺史，甚有威惠。徵為執金吾。廣州部曲督郭馬等為亂，皓以脩宿有威惠，為嶺表所伏，以為使持節、都督廣州軍事、鎮南將軍、廣州牧以討之。未剋而王師（晉軍）伐吳，脩率眾赴難。至巴丘而皓已降，乃縞素流涕而還，與廣州刺史閭豐、蒼梧太守王毅（？–306）各送印綬，詔以脩為安南將軍，廣州牧、持節、都督如故，封武當侯，加鼓吹，委以南方事。脩在南積年，為邊夷所附。[8]

3　同上書，卷 15，〈地理志．下〉，頁 466。
4　同上書，卷 15，〈地理志．下〉，頁 465。
5　同上書，卷 14，〈地理志．上〉，頁 435。
6　同上書，卷 14，〈地理志．上〉，頁 433。
7　同上書，卷 14，〈地理志．上〉，頁 427。
8　同上書，頁 1553。

但是，交、廣二州的局勢，仍未見穩定，需要駐重兵以作鎮壓。西晉初年交州刺史陶璜便嘗上奏稱：

> 交土荒裔，斗絕一方，或重譯而言，連帶山海。又南郡去州海行千有餘里，外距林邑纔七百里。夷帥范熊（？–284）世為逋寇，自稱為王，數攻百姓。且連接扶南，種類猥多，朋黨相倚，負險不賓。往隸吳時，數作寇逆，攻破郡縣，殺害長吏。臣以尪駑，昔為故國所採，偏戍在南，十有餘年。雖前後征討，翦其魁桀，深山僻穴，尚有逋竄。又臣所統之卒本七千餘人，南土溫濕，多有氣毒，加累年征討，死亡減耗，其見在者二千四百二十人。今四海混同，無思不服，當卷甲消刃，禮樂是務。而此州之人，識義者寡，厭其安樂，好為禍亂。又廣州南岸，周旋六千餘里，不賓屬者乃五萬餘戶，及桂林不羈之輩，復當萬戶。至於服從官役，纔五千餘家。二州脣齒，唯兵是鎮。[9]

由此，我們可見當時交、廣一帶局勢不穩、土著豪酋橫行之情況。因此，陶璜大力反對減省州郡兵員，更要求以重兵作鎮壓。

這種情況，到了晉懷帝（司馬熾，284–313，307–311 在位）永嘉六年（312）便爆發了以豪族土酋勢力為主的王機

9　同上書，卷 57，〈陶璜傳〉，頁 1560。

(291–315) 之亂。《晉書》卷 100〈王機傳〉載：

> 王機字令明，長沙人也。父毅，廣州刺史，甚得南越之情。……會澄（王澄，269–312）遇害，機懼禍及，又屬杜弢（？–315）所在發墓，而獨為機守塚，機益自疑。就王敦（266–324）求廣州，敦不許。會廣州人背刺史郭訥，迎機為刺史，機遂將奴客門生千餘人入廣州，州部將溫邵率眾迎機。敦遣參軍葛幽追之，及於廬陵，機叱幽曰：「何以敢來？欲取死邪？」幽不敢逼而歸。郭訥聞邵之納機也，乃遣兵擊邵，反為所破。訥又遣機父兄時吏距之，咸倒戈迎機，訥眾皆散，乃握節而避機。機遂入城就訥求節，訥歎曰：「昔蘇武（前 140–前 60）不失其節，前史以為美談。此節天朝所假，義不相與，自可遣兵來取之。」機慚而止。[10]

由此可見，王機之父王毅因曾為廣州刺史，故深明南越之情，得到土著豪族的擁護。而王機亦得憑此而反。另一方面，我們亦得見廣州的土著豪族勢力至西晉末年仍然相當龐大，甚至州刺史亦不能有效地加以控制，隨時會喪失權力。

王機之亂最後卒為晉代著名賢臣陶侃（259–334）所平定，使廣州重回中央政權的懷抱。《晉書》卷 66〈陶侃傳〉載：

---

10 同上書，頁 2624。

> 先是，廣州人背刺史郭訥，迎長沙人王機為刺史。機復遣使詣王敦，乞為交州。敦從之，而機未發。會杜弘據臨賀，因機乞降，勸弘取廣州，弘遂與溫邵及交州秀才劉沈（？–304）俱謀反。或勸侃且住始興，觀察形勢。侃不聽，直至廣州。弘遣使偽降。侃知其詐，先於封口起發石車。俄而弘率輕兵而至，知侃有備，乃退。侃追擊破之，執劉沈於小桂。又遣部將許高討機，斬之，傳首京都。諸將皆請乘勝擊溫邵，侃笑曰：「吾威名已著，何事遣兵，但一函紙自足耳。」於是下書諭之。邵懼而走，追獲於始興。[11]

王機之亂雖被平定，使南方的廣州得以穩定下來。但是，北方黃河流域一帶，卻在這時期發生了大動亂，因而對廣州的開發也連帶產生了影響。

二、五胡亂華與廣州的發展

三國鼎立的分裂局面，雖然隨著晉室滅孫吳而告結束。但是，司馬氏的政權並不穩定。開國君主晉武帝荒淫無道，

---

11 同上書，頁 1773。

不理朝政；[12]至晉惠帝（司馬衷，259–307，290–307 在位）時，便爆發了骨肉相殘的八王之亂。[13]這使西晉中央王室力量大為削弱。入居中原內地的五胡部族，便乘時而起，據地稱雄。永嘉四年（310）胡人石勒（趙明帝，274–333，330–333 在位）大破東海王司馬越（？–311）大軍於苦縣，射殺數十萬人。繼之匈奴劉聰（漢昭武帝，？–318，290–307 在位）陷洛陽，擄晉懷帝至平陽。及建興四年（316），匈奴劉曜（前趙皇帝，？–329，318–329 在位）陷長安，擄晉愍帝（司馬鄴，300–318，313–316 在位）。西晉王朝至此便告正式解體。

五胡亂華，使黃河流域陷於分崩離析的局面。北方的中原地帶，成為民族仇殺的屠場。但同一時期，南方的廣州卻沒有受到五胡的絲毫波及，而得以大加發展。關於永嘉時期廣州的情況，我們可以從今日廣州市西村大刀山出土的一批晉塼，看到一點端倪。廣州的晉塼曾先後在二十世紀二十年代以至五十年代被發現。汪宗衍（1908–1993）所著《廣州西村大刀山晉塼記》記錄了二十世紀三十年代被發現的一批刻

12《晉書．后妃傳》載：「時帝多內寵，平吳之後復納孫皓宮人數千，自此掖庭殆將萬人，而並寵者甚眾，帝莫知所適，常乘羊車，恣其所之，至便宴寢。宮人乃取竹葉插戶，以鹽汁灑地，而引帝車。」見房玄齡等：《晉書》，卷31，〈后妃傳．上〉，頁 962。

13 八王即汝南王（司馬亮，？–291）、楚王（司馬瑋，271–291）、趙王（司馬倫，？–301）、齊王（司馬冏，？–303）、長沙王（司馬乂，277–304）、成都王（司馬穎，279–306）、河間王（司馬顒，？–306）及東海王（司馬越，？–311）八名握有軍政大權的司馬氏宗室。

有文字的晉塼。這些文字，可以看到晉代廣州的一些實況，計有：

永嘉五年（311），歲在辛未，辟除不祥（原注：在右側）。

子孫千億，皆壽萬年（原注：在右側）。 永嘉五年（原注：在塼耑）。

永嘉六年（312）壬申，皆壽百年（原注：在塼側）。永嘉五年（原注：在塼耑）。

永嘉六年壬申，子孫百年（原注：在右側）。

永嘉六年壬申，宜子保孫（原注：在右側）。

永嘉六年壬申，宜子保孫（原注：在右側）。 陳仁（原注：在左側）。

永嘉六年壬申，宜公侯王（原注：在右側）。

永嘉六年壬申，宜公侯王（原注：在右側）。 陳（原注：在左側）。

永嘉六年壬申，富且壽考（原注：在右側）。 陳仁（原注：在左側）。

永嘉六年壬申，宜公侯壽百年（原注：在右側）。

永嘉六年壬申，公侯永保萬年（原注：在右側）。

永嘉七年（313）癸酉，子孫君侯（原注：在右側）。

永嘉七年癸酉，君子壽考（原注：在右側）。

永嘉七年癸酉，永保休祥（原注：在右側）。

> 永嘉七年癸酉，皆宜價市（原注：在右側）。
>
> 永嘉七年癸酉，皆宜君子（原注：在右側）。
>
> 永嘉七年癸酉，皆宜孫子（原注：在右側）。
>
> 永嘉世，天下荒，余廣州，皆平康（原注：在右側）。
>
> 永嘉世，九州荒，余廣州，平且康（原注：在右側）。
>
> 永嘉世，九州空，余吳土，盛且豐（原注：在右側）。
>
> 大寧二年（即「太寧二年」，324）甲申，八月一日造（原注：在右側）。
>
> 大寧二年甲申，宜子孫（原注：在右側）。
>
> 大寧二年歲甲申，宜子孫（原注：在右側）。[14]

1954年10月某工程隊在廣州市北站附近的孖崗修建職工宿舍，挖房基坑時，亦發現了一個晉代磚墓，出土了大批刻有文字的晉磚。麥英豪、黎金〈廣州西郊晉墓清理報導〉載：

> 全墓的墓磚除了僅發現兩個在側面印有幾何花紋之外，其餘全數都捺印有紀年文字、吉祥語或者造磚人的姓名。其中有：「永嘉五年陳仰所造」、「永嘉六年壬申宜子保孫」、「永嘉六年壬申皆壽百年」、「永嘉六年壬申富且壽考」、「永嘉六年壬申陳仲怨製作甎」、「永嘉七年癸酉

---

14 汪宗衍：《廣州西村大刀山晉塼記》，收入汪兆鏞（1861–1939）等：《廣州城殘塼錄（附大刀山晉塼記）》（廣州：不標出版者，1932），頁1上–3下。

> 皆宜價市」、「子孫千億皆壽萬年」、「永嘉世天下荒余廣州皆平康」、「陳仁」、「陳計」等十種文字。磚的底面都捺印有斜方格紋，間有一磚的三面都有文字的。[15]

這批晉磚的發現，可加深我們對永嘉時期廣州情況的瞭解和認識，補充了史籍上所載之不足。

首先，我們可説廣州偏處南邊，與中原地區關山阻隔，難以互通消息，以致影響其發展速度。這一點，即可從多方刻有「永嘉七年」年號的石磚而得知。晉懷帝於永嘉七年二月丁未（初一日）被弒，[16] 而晉愍帝則於同年四月「壬申（二十七日），即皇帝位，大赦，改元」。[17] 新年號為「建興」。[18] 在廣州的出土晉磚中已發現有「永嘉七年」的年號，卻未見有「建興元年」的字樣。這應可證明當時廣州偏處南荒，對中原政局變動的資訊所知較遲，以致中央更改年號，亦未有所知。

此外，一塊晉磚上刻有的「永嘉七年癸酉，皆宜價市」，正是商人樂聞的吉祥語。這在一定的背景上，反映了廣州地區的貿易相當發達，而「富且壽考」、「宜子保孫」等字句，

---

15 麥英豪、黎金：〈廣州西郊晉墓清理報導〉，《文物參考資料》，1955 年第 3 期，頁 25。

16 參看房玄齡等：《晉書》，卷 5，〈孝懷帝紀〉，頁 125；司馬光（1019–1086）編著，胡三省（1230–1302）音注，「標點《資治通鑑》小組」校點：《資治通鑑》（北京：中華書局，1976），卷 88，〈晉紀 · 十〉，頁 2791。

17 房玄齡等：《晉書》，卷 5，〈孝愍帝紀〉，頁 126；司馬光編著：《資治通鑑》，卷 88，〈晉紀 · 十〉，頁 2794。

18 同上注。

更顯示了當時廣州的民眾，有著相當濃烈的商賈意識。

但最重要的便是那一系列刻有「永嘉世，九州空，余吳土，盛且豐」、「永嘉世，天下荒，余廣州，平且康」、「永嘉時，天下荒，但江南，皆康平」、「永嘉世，九州荒，余廣州，皆平康」的晉磚出土。這顯示經過八王之亂、永嘉之亂以及五胡亂華後，黃河流域一帶，正經受著「天下荒」和「天下空」的大浩劫。但因以長江天險為憑藉，江南免遭戰禍浩劫，而廣州差不多位處中國最南邊，更可說是絲毫不受五胡亂華禍害所影響，而得以平康豐盛地邁步向前。在這種黃河流域和廣州之間有著強烈對比的情況下，自不免吸引大量原居中原地方的人民因躲避戰禍屠戮而南遷廣州。

廣州所以落後於中原，其中一項原因，是地曠人稀，以致發展緩慢。但在永嘉之亂中，廣州全不受影響，政局反較混亂的中原穩定，既無八王亂政，亦無胡漢屠戮，於是，便成為民族仇殺風暴中的一個避難場所。此因自五胡亂華以後，引起了民族大遷徙，一方面胡羯等外族自塞外入據中原；另一方面，原居黃河流域的漢族則被迫向長江流域、甚至珠江流域遷徙。《晉書》卷 65〈王導傳〉稱八王之亂，「洛京傾覆，中州士女避亂江左者十六七」。[19] 這批南遷的士女，亦有部分移徙至廣州；而江東一帶，不旋踵爆發了陳敏（？–307）之亂，後雖為豪族顧榮（？–312）所平，然會稽一帶已

19 房玄齡等：《晉書》，頁 1746。

陷於戰亂，又有大批人民再由江南移往廣州。晉代黃恭的《交廣二州記》嘗稱：

> 愍帝建興三年（315），江揚二州經石冰（?–304）、陳敏之亂，民多流入廣州，詔加存恤。[20]

廣州由於在民族仇殺屠戮的鋒鏑中，避開了所有的動亂，自能在中原動盪的時候，得以在人口、經濟、政治上逐步發展。

三、東晉時期廣州的政治

晉元帝（司馬睿，276–323，317–323 在位）於江南建立東晉王朝後，南北分治的局面便出現了。南方的廣州由於未受到五胡亂華的絲毫影響，因此，仍可在安定的局面中穩健地發展。

東晉初年，陶侃在廣州的治績是不能忽視的。在大動盪

---

20 戴肇辰（1810–1890）主編：《廣州府志》（廣州粵秀書院光緒五年〔1879〕刊本），卷 75，〈前事略 · 一 · 晉〉，頁 18 下。戴肇辰等於《廣州府志》注明所載出自「黃《通志》引《交廣記》」，見前引書，卷 75，頁 18 下。阮元（1764–1849）主編的《廣東府志》早已清楚指明「晉黃恭《交廣二州記》，其書久亡。黃佐（1490–1566）必有所本」，見阮元主編：《廣東府志》（道光二年〔1822〕刻本），卷 181，〈前事略 · 一 · 晉〉，頁 32 下。戴肇辰等所稱「黃《通志》」為黃佐所修《廣東通志》。

的局面中，陶侃坐鎮南陲的廣州，既不乘機裂土自立，反之卻效忠朝廷，威著南服，使東晉王朝得一安定的後援基地而日趨安定。《晉書》卷 66〈陶侃傳〉載：

> 侃在州（廣州）無事，輒朝運百甓於齋外，暮運於齋內。人問其故，答曰：「吾方致力中原，過爾優逸，恐不堪事。」其勵志勤力，皆此類也。[21]

這可見陶侃勤於政事，致運磚自勵，志切匡復中原，是故，乃得內平王機之亂，外討王敦之逆，威著南土。總計陶侃自晉愍帝建興三年出鎮廣州，至晉成帝（司馬衍，321–342，325–342 在位）咸和四年（329）離職他調，前後任職十四年（315–329），威德服南疆。此後，鄧嶽、羅友、孔汪（？–392）雖先後出任刺史，然治績上均不及陶侃著名。至晉安帝（司馬德宗，382–419，396–419 在位）元興元年（402），廣州刺史由吳隱之（？–413）出任，清廉奉公，吏治始漸見清明。是故，在東晉初期以至中期，由於吏治尚稱賢良，人民生活得以安定，廣州乃能逐漸開發進展。但這種局面，卻隨著在江南爆發的一場帶有宗教色彩、聲勢浩大的孫恩（？–402）、盧循（？–411）之亂而告破滅。

---

21 房玄齡等：《晉書》，頁 1773。

首先，這次民變領導者孫恩的叔父孫泰（？–398）曾獲授秘術，甚得江南一帶百姓信服，傳授五斗米道。結果，為人告於會稽王司馬道子（364–403）而遭流放至廣州。及後，孫泰因得太子少傅王雅（334–400）於晉孝武帝（司馬曜，362–396，372–396 在位）面前疏通，乃得釋回。是時，由於在江南一帶的世族地主不斷兼併土地，霸佔山川湖治，役使大量奴客，迫使大批自耕農民淪為佃客或奴婢，使浙東一帶農民無以為活。同時，在晉安帝隆安二年至三年（398–399）間，江南的政局相當不穩，先後有桓玄（369–404）、杜炯等作亂。當時掌握大權的司馬元顯（382–402）便乘時大舉徵兵，以求穩定局勢。《晉書》卷 64〈司馬元顯傳〉載：

> （司馬元顯）又發東土諸郡免奴為客者，號曰「樂屬」，移置京師，以充兵役，東土囂然，人不堪命，天下苦之矣。[22]

孫泰因與司馬元顯交情甚篤，見天下動亂，以為有機可乘。《晉書》卷 100〈孫恩傳〉載：

> 泰（孫泰）見天下兵起，以為晉祚將終，乃扇動百姓，私集徒眾，三吳士庶多從之。于時朝士皆懼泰為亂，

22 同上書，頁 1737。

以其與元顯交厚，咸莫敢言。會稽內史謝輶發其謀，道子誅之。[23]

孫恩由於叔父孫泰遭會稽內史謝輶告發，遭司馬道子所殺，先期逃至海島。至是，乃藉著騷亂的時刻，乘時而起，陷會稽，殺官吏，一時各方響應，聲勢頗為浩大。《晉書》卷 100〈孫恩傳〉載：

恩（孫恩）逃於海。眾聞泰（孫泰）死，惑之，皆謂蟬蛻登仙，故就海中資給。恩聚合亡命得百餘人，志欲復讎。及元顯（司馬元顯）縱暴吳會，百姓不安，恩因其騷動，自海攻上虞，殺縣令，因襲會稽，害內史王凝之（334–399），有眾數萬。於是會稽謝鍼、吳郡陸瓌、吳興丘尪、義興許允之（？–399）、臨海周胄、永嘉張永及東陽、新安等凡八郡，一時俱起，殺長史以應之，旬日之中，眾數十萬。於是吳興太守謝邈（368–399），永嘉太守謝逸，嘉興公顧胤，南康公謝明慧，黃門郎謝沖、張琨，中書郎孔道，太子洗馬孔福，烏程令夏侯愔等皆遇害。吳國內史桓謙（？–410），義興太守魏傿，臨海太守、新蔡王崇等並出奔。於是恩據會稽，自號征東將軍，號其黨曰「長生人」，宣語令誅殺異己，有不同者戮及嬰孩，由是死

23 同上書，頁 2632。

> 者十七八。畿內諸縣處處蜂起，朝廷震懼，內外戒嚴。[24]

東晉政權乃以北府名將劉牢之（？–402）、劉裕（宋武帝，363–422，420–422 在位）等率軍討伐，屢經征戰，方迫使孫恩自殺。然「前後數十戰，亦殺百姓數萬人」，[25]而江左一帶，已告元氣大傷。

孫恩死後，餘部推舉其妹夫盧循為主，繼續對抗。但在劉裕追擊下，卻被迫逐步南撤，最後，由晉安乘船出海南下，襲破廣州。[26]盧循所以選擇廣州為其退路，乃因抵受不住劉裕的猛攻，被迫南撤。另一方面，亦如史學家王仲犖（1913–1986）所指出：孫泰已在流放廣州的時候，藉五斗米道的宗教信仰，把當地農民加以組織，乃為日後盧循向南進軍，鋪下良好基礎。[27]至於，盧循襲破廣州的情形，《資治通鑑》卷 113〈晉紀．三十五〉載：

> （晉安帝元興三年〔404〕）盧循寇南海，攻番禺。廣州刺史濮陽吳隱之拒守百餘日。冬，十月，壬戌（初九日），循夜襲城而陷之，燒府舍、民室俱盡，執吳隱之。

24 同上書，頁 2632–2633。
25 同上書，卷 100，〈孫恩傳〉，頁 2634。
26 參看同上書，卷 100，〈盧循傳〉，頁 2634。
27 參看王仲犖：《魏晉南北朝隋初唐史》（上海：上海人民出版社，1961），頁 241。

> 循自稱平南將軍，攝廣州事，聚燒骨為共冢，葬於洲上，得髑髏三萬餘枚。又使徐道覆（？–411）攻始興，執始興相阮腆之。[28]

《晉書》卷 27〈五行志・上〉亦稱：

> （元興三年）盧循攻略廣州，刺史吳隱之閉城固守。其十月壬戌夜，火起。時百姓避寇盈滿城內，隱之懼有應賊者，但務嚴兵，不先救火。由是府舍焚蕩，燒死者萬餘人，因遂散潰，悉為賊擒。[29]

從這些記載來看，盧循攻破廣州，實在是空前浩劫。因為僅有九千五百戶的南海郡，竟然在攻城的焚殺中死亡三萬餘人以上，而府舍房屋亦焚燒一空。自西晉以來「平且康」的廣州，在這場變亂中，大受打擊而致元氣大傷。

盧循陷廣州後，至次年（義熙元年〔405〕）四月，便向在朝廷中擁有實權的劉裕遣使貢獻，從而獲得廣州刺史一職。《資治通鑑》卷 114〈晉紀・三十六〉載：

---

28 司馬光編著：《資治通鑑》，頁 3575。

29 房玄齡等：《晉書》，頁 807。

> （義熙元年）夏四月，劉裕旋鎮京口，改授都督荊、司等十六州諸軍事，加領兗州刺史。盧循遣使貢獻。時朝廷新定，未暇征討；壬申（二十一日），以循為廣州刺史，徐道覆為始興相。循遺劉裕益智粽，裕報以續命湯。[30]

在盧循獲得東晉政權的承認，取得廣州刺史的職位後，便將吳隱之、王誕（375–413）等官員釋放，並在廣州建立他的統治基礎，勢力日漸膨脹。《晉書》卷 28〈五行志・中〉載：

> 安帝義熙初，童謠曰：「官家養蘆化成荻，蘆生不止自成積。」其時官養盧龍（盧循，小字元龍），寵以金紫，奉以名州，養之極也。而龍不能懷我好音，舉兵內伐，遂成仇敵也。「蘆生不止自成積」，及盧龍之敗，斬伐其黨，猶如草木以成積也。盧龍據廣州，人為之謠曰：「蘆生漫漫竟天半。」後擁上流數州之地，內逼京輦，應「天半」之言。[31]

我們可見盧循在廣州的勢力，也就如蘆荻一樣，迅速生長，從而構成晉室心腹禍患。結果，義熙六年（410）二月，盧循在姊夫徐道覆的勸說下，又再反叛。這次盧循再反，聲勢極

---

30 司馬光編著：《資治通鑑》，頁 3582–3583。
31 房玄齡等：《晉書》，頁 849。

為浩大，分兵兩路，出襲江陵、建康，擊殺東晉名將何無忌（？–410），聲勢逼人。《宋書》卷 1〈武帝本紀．上〉載：

> 鎮南將軍何無忌與徐道覆戰于豫章，敗績，無忌被害，內外震駭。朝廷欲奉乘輿北走就公（劉裕），尋知賊定未至，人情小安。[32]

東晉王朝為了應付危局，乃徵調率兵北伐的劉裕，率領大軍南回，應付盧循的亂局，並先後於江陵、大雷、左里擊敗盧循，更派遣奇兵襲取盧循的根據地廣州，使其陷於進退兩難之境。《宋書》卷 1〈武帝本紀．上〉載：

> （義熙六年）循廣州守兵，不以海道為防。是月（十一月），建威將軍孫季高（孫處，359–411）乘海奄至，而城池峻整，兵猶數千。季高焚賊舟艦，悉力而上，四面攻之，即日屠其城。循父以輕舟奔始興。季高撫其舊民，戮其親黨，勒兵謹守。初，公（劉裕）之遣季高也，眾咸以海道艱遠，必至為難；且分撤見力，二三非要。公不從。敕季高曰：「大軍十二月之交，必破妖虜。卿今時當至廣州，傾其巢窟，令賊奔走之日，無所歸投。」季高受命而

32 沈約（441–513）：《宋書》（北京：中華書局，1974），頁 18。

行，如期剋捷。[33]

相關的記載，亦見於《宋書》卷49〈孫處傳〉：

> 孫處，字季高，會稽永興人也。……盧循之難，於石頭扞柵，戍越城、查浦，破賊於新亭。高祖（劉裕）謂季高曰：「此賊行破，應先傾其巢窟，令奔走之日，無所歸投，非卿莫能濟事。」遣季高率眾三千，汎海襲番禺。初，賊不以海道為防，季高至東衝，去城十餘里，城內猶未知。循守戰士猶有數千人，城池甚固。季高先焚舟艦，悉力登岸，會天大霧，四面陵城，即日克拔。循父嘏、長史孫建之、司馬虞尫夫等，輕舟奔始興。即分遣振武將軍沈田子等討平始興、南康、臨賀、始安嶺表諸郡。循於左里奔走，而眾力猶盛，自嶺道還襲廣州。季高距戰二十餘日，循乃破走，所殺萬餘人。追奔至鬱林，會病，不得窮討，循遂得走向交州。[34]

在失去根據地的境況下，盧循乃陷於進退失據的困境中。最後，更被迫南遁至交州，於龍編為交州刺史杜慧度（374–423）所擊破，最後，乃被迫自殺。《晉書》卷100〈盧循傳〉載：

33 同上書，頁22。

34 同上書，頁1435–1436。

> 循勢屈，知不免，先鴆妻子十餘人，又召妓妾問曰：「我今將自殺，誰能同者？」多云：「雀鼠貪生，就死實人情所難。」有云：「官尚當死，某豈願生！」於是悉鴆諸辭死者，因自投於水。慧度取其尸斬之，及其父嘏；同黨盡獲，傳首京都。[35]

盧循之亂，擾亂了一段長時期，雖終為東晉政權所平定，卻嚴重地打擊了統治階層的地位，使東晉王朝的統治力量日告動搖。

就廣州而言，這次亂事使廣州終陷戰火而大受破壞。廣州先為盧循所破，府舍盡毀，百姓死亡超過三萬。六年後，廣州又復為東晉軍隊所襲破，甚且遭受屠城之禍，盧循派往廣州駐守的數千名士兵及親黨固遭屠戮，而百姓被禍的人數自然更多。

這次亂事亦間接反映了廣州在東晉時期的發展情形。首先，這是第一次在江南爆發的大規模動亂，亦是中國歷史上首次由廣州北伐的亂事。盧循雖然最終失敗了，但從其再度發難時的浩大聲勢，可以推想廣州在當時政治和經濟上的發展已相當進步，故能成為盧循北上奪權的人力物力基礎。

盧循亂後六年，廣州再爆發徐道期之亂，但規模卻不及盧循的聲勢浩大，故不久即被平定。《宋書》卷 50〈劉康祖

---

35 房玄齡等：《晉書》，頁 2636。

傳〉載：

> 劉康祖（？–451），彭城呂人，世居京口。伯父簡之，有志幹，⋯⋯簡之弟謙之，好學，撰《晉紀》二十卷；義熙末，為始興相。東海人徐道期流寓廣州，無士行，為僑舊所陵侮。因刺史謝欣死，合率群不逞之徒作亂，攻沒州城，殺士庶素憾者百餘，傾府庫、招集亡命，出攻始興。謙之破走之，進平廣州，誅其黨與，仍行州事。即以為振威將軍、廣州刺史。[36]

這次亂事平定後不久，東晉王朝也就覆亡了。平定盧循之亂的劉裕憑藉武力，逼使晉恭帝（司馬德文，386–421，419–420在位）禪位，建立宋朝，史稱「劉宋」。

36 沈約：《宋書》，頁1446。

第四章

宋齊梁陳時期的廣州

一、劉宋治下廣州的發展

自從劉裕放棄北伐大業，以北府精鋭之眾作武力基礎，篡奪了東晉司馬氏政權後，南北對峙的形勢產生了新的變化。

首先，隨著鮮卑拓跋部進入中原，消滅了黃河流域的割據勢力，統一北方後，胡、漢民族漸由互相仇殺而發展為互相同化。江南方面，則由於多次北伐失敗，南朝士大夫已安居江左，對於中原故土的眷戀之情，已不如渡江初期那樣強烈。他們甚且依戀江南樂土，不復有「風景不殊，舉目有河山之異」之歎。[1] 在這樣的情況下，南方統治階層乃對管治的領土大加整頓，加強控制。宋文帝（劉義隆，407–453，424–453

1 劉義慶（403–444）撰，劉孝標（462–521）注：《世説新語》（香港：中華書局，1974），卷 2，〈言語第二〉，頁 22。

在位）便在元嘉九年（432）下詔，派遣中央官員巡察包括廣州在內的邊遠州郡，以探求民隱。《宋書》卷 5〈文帝紀〉載：

> （元嘉九年六月）癸未（初十日），詔曰：「益、梁、交、廣，境域幽遐，治宜物情，或多偏擁。可更遣大使，巡求民瘼。」[2]

這種情況的出現，乃因南北分裂後，地方吏治，頗見混亂。《宋書》卷 35〈州郡志．一〉載：

> 自夷狄亂華，司、冀、雍、涼、青、并、兗、豫、幽、平諸州一時淪沒，遺民南渡，並僑置牧司，非舊土也。江左又分荊為湘，或離或合，凡有揚、荊、湘、江、梁、益、交、廣，其徐州則有過半，豫州唯得譙城而已。及至宋世，分揚州為南徐，徐州為南兗，揚州之江西悉屬豫州；分荊為雍，分荊、湘為郢，分荊為司，分廣為越，分青為冀，分梁為南北秦。太宗（宋明帝劉彧，439–472，466–472 在位）初，索虜南侵，青、冀、徐、兗及豫州淮西，並皆不守；自淮以北，化成虜庭。於是於鐘離置徐州，淮陰為北兗，而青、冀二州治贛榆之縣。……地理參差，其詳難舉，實由名號驟易，境土屢分，或一郡一縣，

2 沈約：《宋書》，頁 81。

> 割成四五；四五之中，亟有離合，千回百改，巧歷不算，尋校推求，未易精悉。[3]

是故翻看《宋書．州郡志》即見劉宋時期，廣州所轄郡縣數目比晉代超過差不多一倍。《晉書》卷 15〈地理志．下〉載：

> 廣州。案〈禹貢〉揚州之域，秦末趙他（趙佗）所據地。及漢武帝，以其地為交趾郡。至吳黃武五年，分交州之南海、蒼梧、鬱林、高梁四郡立為廣州，俄復舊。永安六年，復分交州置廣州，分合浦立合浦北部，以都尉領之。孫皓分鬱林立桂林郡。及太康中，吳平，遂以荊州始安、始興、臨賀三郡來屬。合統郡十，縣六十八，戶四萬三千一百二十。[4]

《宋書》卷 38〈州郡志．四〉則載：

> 廣州刺史，吳孫休永安七年，分交州立。領郡十七，縣一百三十六。戶四萬九千七百二十六，口二十萬六千六百九十四。[5]

3　同上書，頁 1028。
4　房玄齡等：《晉書》，頁 466。
5　沈約：《宋書》，頁 1189。

王鳴盛（1722–1797）的《十七史商榷》嘗糾正「領郡十七」一說，稱：

> 廣州刺史領郡十七，而今數之，實十八，多一郡。[6]

這十八郡包括南海、蒼梧、晉康、新寧、永平、鬱林、桂林、高涼、新會、東官、義安、宋康、綏建、海昌、宋熙、寧浦、晉興與樂昌。[7] 這可見由晉至宋，廣州所轄郡縣的劃分，更見詳細。

人口方面，廣州的戶口於劉宋時期雖有增加，卻不顯著。《晉書．地理志》所載，廣州戶口為四萬三千一百二十；《宋書．州郡志》則載有廣州戶籍為四萬九千二百七十六，人口二十萬六千六百九十四。於此，可見由晉至宋，廣州只不過增加了六千一百戶。一般讀史者都認為隨著五胡亂華的影響，中原陷入戰亂，使人口大量移居南方，但至此則可見廣州戶口實未有大量增加。這點筆者推想乃與東晉末年盧循之亂有關。因為盧循陷城一役，廣州死亡人數即達三萬之多，[8] 幾乎全城盡毀。經此打擊後，廣州人口至劉宋仍未見增加，也就是必然的了。

6　同上書，頁 1212，〈校勘記〉援用。

7　參看同上書，卷 38，〈州郡志．四〉，頁 1190–1204。

8　參看司馬光編著：《資治通鑑》，卷 113，〈晉紀．三十五〉，頁 3575，晉安帝元興三年條。

另外，從劉宋時期廣州戶口分佈情形以觀，亦得見一特殊現象，即為人口高度集中於轄有番禺的南海郡。當地「戶八千五百七十四，口四萬九千一百五十七」，[9] 幾佔全州戶口五分之一。這種情形，説明當時嶺南一帶的特殊核心性發展。這就是圍繞廣州形成一個人口高度集中的區域，而其他郡縣的人口則相對較為稀少。

劉宋時期，朝廷對廣州逐漸加強管治。但我們亦可見一奇怪現象，此即為劉宋期間，朝廷常將大量犯人流放至廣州。這大抵因為廣州在時人心目中仍是偏遠南陲、人口稀疏、荒蕪落後之地，故最宜安置官府不容之犯人，特別是政治犯。劉宋時期被流放至廣州的犯人，見諸於正史者，有下列各人：

（一）謝靈運（385–433）

這位在中國文學史上享有盛名的文人，乃因得罪當朝權貴，被判死刑，後因皇帝愛才，予以特赦，才免死流放廣州。《資治通鑑》卷 122〈宋紀・四〉載：

> （文帝元嘉十年〔433〕）前秘書監謝靈運，好為山澤之遊，窮幽極險。從者數百人，伐木開徑；百姓驚擾，以

9　沈約：《宋書》，卷 38，〈州郡志・四〉，頁 1190。

> 為山賊。會稽太守孟顗與靈運有隙，表其有異志，發兵自防。靈運詣闕自陳，上以為臨川內史。靈運遊放自若，廢棄郡事，為有司所糾。是歲，司徒遣使隨州從事鄭望生收靈運；靈運執望生，興兵逃逸，作詩曰：「韓亡子房奮，秦帝魯連恥。」追討，擒之。廷尉奏靈運率眾反叛，論正斬刑。上愛其才，欲免官而已。彭城王義康（劉義康，409–451）堅執，謂不宜恕。乃降死一等，徙廣州。久之，或告靈運令人買兵器，結健兒，欲於三江口篡取之，不果。詔於廣州棄市。[10]

謝靈運最初雖能逃過大限，被徙廣州，但終不為當道所容，而他亦心懷怨憤，圖謀再起，最後，終在廣州見殺。

（二）顧邁

顧邁為吳郡人，本為始興王劉濬（429–453）征北府行參軍，因誤洩劉濬私隱，遭徙於廣州。《宋書》卷 42〈劉穆之傳〉載：

> 穆之（劉穆之，360–417）中子式之字延叔，通易好士。⋯⋯長子敳，⋯⋯敳弟衍，⋯⋯衍弟瑀（劉瑀，? –

10 司馬光編著：《資治通鑑》，頁 3850–3851。

> 458）字茂琳，少有才氣，為太祖（宋文帝劉義隆）所知。始興王濬（劉濬）為南徐州，以瑀補別駕從事史，為濬所遇。瑀性陵物護前，不欲人居己上。時濬征北府行參軍吳郡顧邁輕薄而有才能，濬待之甚厚，深言密事，皆與參之。瑀乃折節事邁，深布情款，家內婦女閒事，言語所不得至者，莫不倒寫備說。邁以瑀與之款盡，深相感信。濬所言密事，悉以語瑀。瑀與邁共進射堂下，瑀忽顧左右索單衣幘，邁問其所以，瑀曰：「公以家人待卿，相與言無所隱，而卿於外宣泄，致使人無不知。我是公吏，何得不啟。」因而白之。濬大怒，啟太祖徙邁廣州。邁在廣州，值蕭簡（？–453）為亂，為之盡力，與簡俱死。[11]

顧邁被罷斥至廣州後，心懷怨望，乃又參與蕭簡之亂，卒亦因此而見殺。

（三）何默子、劉素

何默子於宋文帝時為尚書庫部郎，劉湛（392–440）為侍中。二人為權傾朝野、覬覦帝位的彭城王（劉義康）親信。《資治通鑑》卷 123〈宋紀・五〉載：

---

11 沈約：《宋書》，頁 1309。

> （元嘉十七年〔440〕）上（宋文帝）以司徒彭城王義康嫌隙已著，將成禍亂。冬，十月，戊申，收劉湛付廷尉，下詔暴其罪惡，就獄誅之，並誅其子黯、亮、儼及其黨劉斌、劉敬文、孔胤秀等八人；徙尚書庫部郎何默子等五人於廣州，因大赦。[12]

何默子遭貶往廣州，而劉湛弟黃門侍郎劉素亦被徙廣州。[13]

（四）范曄（398–445）之家人

范曄這位著名史家因於元嘉二十二年（445）參與彭城王謀亂一事而見殺，其家人則遭徙往廣州。《宋書》卷 69〈范曄傳〉載：

> 曄及子藹、遙、叔蔞、孔熙先及弟休先、景先、思先、熙先子桂甫、桂甫子白民、謝綜及弟約、仲承祖、許耀，諸所連及，並伏誅。曄時年四十八。曄兄弟子父已亡者及謝綜弟緯，徙廣州。[14]

---

12 司馬光編著：《資治通鑑》，頁 3886。
13 參看沈約：《宋書》，卷 69，〈劉湛傳〉，頁 1819。
14 同上書，頁 1829。

由此可見劉宋一代，一系列犯人被徙往廣州，其中大部分已是政治舞臺上之失敗者，現又遭放逐流徙之苦，自不免心懷怨憤，乃有謝靈運、顧邁等心懷不忿，謀求再起，參與反亂，終致見殺。

大抵而言，劉宋時期，廣州政局仍是禍亂相尋。先是，宋文帝元嘉二十九年（452），南海太守蕭簡因參與朝廷內爭，乃據廣州而反。《宋書》卷 78〈蕭思話傳〉載：

> （蕭簡）歷位長沙內史。廣陵王誕（劉誕，433–459）為廣州，未之鎮，以簡為安南諮議參軍、南海太守，行府州事。東海王禕（劉禕，436–470）代誕，簡仍為前軍諮議，太守如故。世祖（宋孝武帝劉駿，430–464，453–464 在位）入討元凶（劉劭〔424–453，453 在位〕弒父宋文帝，在位七十二日），遣輔國將軍、南海太守鄧琬（407–466）討簡，固守經時，城陷伏誅。[15]

鄧琬大軍圍攻廣州，蕭簡部眾堅守踰年才告失手。[16]《宋書》卷 77〈沈慶之傳〉載：

---

15 同上書，頁 2018。
16 參看同上書，卷 84，〈鄧琬傳〉，頁 2129。

> 慶之（沈慶之，486–465）從弟法系……討蕭簡於廣州。聞臺軍將至，簡誑其眾曰：「臺軍是賊劭所遣。」並信之。前征北參軍顧邁被賊徙在城內，善天文，云「荊、江有大兵」。城內由此固守。初，世祖（宋孝武帝）先遣鄧琬圍簡，唯治一攻道，法系至，曰：「宜四面並攻，若守一道，何時可拔。」琬慮功不在己，不從。法系曰：「更相申五十日。」日盡又不克，乃從之。八道俱攻，一日即拔，斬蕭簡，廣州平。封庫藏付鄧琬而還。[17]

蕭簡的叛亂歷時踰年，雖終為朝廷所平，然足見劉宋時期廣州防務相當穩固。劉宋朝廷全仗軍事家沈法系親自策劃，分八道攻城，才能將廣州攻破。這與東晉時期，盧循陷廣州及東晉大軍收復廣州，俱在一天內完成，實在不可同日而語。

宋明帝泰始二年（466），廣州又生戰亂。先是，晉安王劉子勛（456–466）僭位於尋陽，一時之間，從者甚眾；廣州刺史袁曇遠亦附逆。是時始興相殷孚受鄧琬所遣，率眾平亂，並被出為豫章太守。不料，殷孚剛調走，廣州即告陷入混亂中。《宋書》卷 84〈鄧琬傳〉載：

> 殷孚既去始興，以郡五官掾譚伯初留知郡事。士人劉嗣祖等斬伯初，據郡起義。琬遣始興太守韋希真、鷹揚將

---

17 同上書，頁 2006。

> 軍楊弘之領眾一千討嗣祖。嗣祖亦遣眾出南康，與齊王世子合。希真等以義徒強盛，住廬陵不敢進。廣州刺史袁曇遠聞始興起義，遣將李萬周、陳伯紹率眾討嗣祖。嗣祖遣兵戍湞陽，萬周亦築壘相守。嗣祖遣人誑萬周曰：「尋陽已平，臺遣劉勔（418–474）為廣州，垂至。」萬周信之，便回還襲番禺，夜以長梯入城；曇遠怯弱無防，聞萬周反，便徒跣出奔，萬周追斬之於城內。交州刺史檀翼被代還至廣州，資貨鉅萬，萬周誣以為逆，襲而殺之。遂劫掠公私銀帛，藉略袁、檀珍寶，悉以自入。[18]

在這種情況下，宋室派遣了對廣州頗為熟悉的劉勔出任廣州刺史。[19] 但由於豫州刺史殷琰（415–473）反叛，需要劉勔率兵前往平定。於是，又改以費混為刺史，至泰始三年（467），朝廷又派羊希赴任。羊希於任內殺李萬周、劉嗣祖等，欲將廣州吏治大加整頓，豈料不及二年，羊希卻為晉康太守劉思道所殺，廣州情況更見動盪。《宋書》卷 54〈羊玄保傳〉載：

---

18 同上書，頁 2141。

19《宋書》載：「勔少有志節，兼好文義。家貧，為廣州增城令，廣州刺史劉道錫引為揚烈府主簿。元嘉二十七年（450），索虜南侵，道錫遣勔奉使詣京都，太祖引見之，酬對稱旨，除寧遠將軍、綏遠太守。元嘉末，蕭簡據廣州為亂，勔起義討之，燒其南門。廣州刺史宗慤（？–465）又命為軍府主簿，以功封大亭侯。除員外散騎侍郎。」見沈約：《宋書》，卷 86，〈劉勔傳〉，頁 2191。

> 玄保（羊玄保，371–464）兄子希，字泰聞，少有才氣。……泰始三年，出為寧朔將軍、廣州刺史。希初請女夫鎮北中兵參軍蕭惠徽為長史，帶南海太守，太宗不許。又請為東莞太守。希既到鎮，長史、南海太守陸法真喪官，希又請惠徽補任。詔曰：「希卑門寒士，累世無聞，輕薄多釁，備彰歷職。徒以清刻一介，擢授嶺南，干上逞欲，求訴不已，可降號橫野將軍。」初，李萬周、劉嗣祖籍略廣州，……。太宗以萬周為步兵校尉，加寧朔將軍，權行廣州事。希既至，而萬周等並有異圖，希誅之。希以沛郡劉思道行晉康太守，領軍伐俚。思道違節度，失利，希遣收之。思道不受命，率所領攻州，希遣平越長史鄒琰於朝亭拒戰，軍敗見殺。思道進攻州城，司馬鄒嗣之拒之西門，戰敗又死。希踰城走，思道獲而殺之。府參軍鄒曼率數十人襲思道，已得入城，力不敵，又敗。東莞太守蕭惠徽率郡文武千餘人攻思道，戰敗，又見殺。時龍驤將軍陳伯紹率軍伐俚，還擊思道，定之。贈希輔國將軍，惠徽中書郎，嗣之越騎校尉。[20]

由此可見廣州在劉宋期間，政局仍未穩定。朝廷立足江東，對偏處南方一隅的廣州，甚難駕馭，故李萬用、劉嗣祖擅殺刺史，劫掠財物，仍可獲授步兵校尉。此外，出鎮廣州的刺

20 沈約：《宋書》，頁1536–1538。

史，必須擁有武力作後盾，方能便於管治。羊希便屢次要求准許有鎮北中兵參軍之銜的蕭惠徽出任長史，以作輔助，但終不為朝廷批准。羊希終因未具實力，不久即於廣州為劉思道所殺。

經此役後，廣州回復了一段長時期的太平安定。此時，因宋文帝元嘉（425–453）北伐失敗後，南北強弱之勢已告分明，南方的宋室再無能力與北方的拓跋氏互爭雄長了。劉宋政權自是只得埋首內部建設。然自宋文帝以後，皇族宗室一直篡弒相尋，政局因而日見動盪。幸好廣州偏處南陲，局面未有明顯的惡化，直至劉宋末期宋順帝（劉準，467–479，477–479 在位）時，廣州才再生變亂。

宋順帝即位後，因年幼無知，政權落入掌握軍政大權的大臣蕭道成（齊高帝，427–482，479–482 在位）手上。是時荊州州史沈攸之（？–478）與蕭道成積不相容，遂興兵作亂。其時廣州刺史陳顯達（428–500）本要離任，至是，舉兵以應朝廷。《宋書》卷 10〈明帝紀〉載：

> （宋順帝昇明元年〔477〕十二月），車騎大將軍、荊州刺史沈攸之舉兵反。……豫州刺史劉懷珍、雍州刺史張敬兒、廣州刺史陳顯達並舉義兵。[21]

21 同上書，頁 195–196。

遠處南陲的廣州終亦捲入這場中央勢力互爭的漩渦中，影響所及，並有官員被殺。《南齊書》卷 37〈到撝傳〉載：

> （到撝，433–490）弟遁，元徽（473–477）中為寧遠將軍、輔國長史、南海太守，在廣州。昇明元年，沈攸之反，刺史陳顯達起兵以應朝廷，遁以猶預見殺。遁家人在都，從野夜歸，見兩三人持堊刷其家門，須臾滅，明日而遁死問至。[22]

沈攸之的起兵，由於準備不足，加上本人失去號召，故不久即敗。廣州方面，除南海太守到遁猶豫不決而見殺外，刺史陳顯達舉兵響應蕭道成，成為其集團的中流砥柱。此後蕭道成勢力日漸膨脹，至昇明三年（479）四月，更逼宋順帝禪位，建立南齊。

二、南齊時期的廣州

南齊時期廣州的政治局勢與東晉和劉宋時比起來，可說是穩定而太平，沒有較大規模的民變或官員割據一方的情形出現。特別在齊高帝（蕭道成）至齊武帝（蕭賾，440–493，

22 蕭子顯（489–537）：《南齊書》（北京：中華書局，1972），頁 648。

482–493 在位）期間，更見安定。此因自齊高帝受禪後，頗有更新氣象，而繼位的齊武帝亦能勵精圖治，使國家達致小康局面，廣州亦邁上開發之途。《南齊書》卷 14〈州郡志．上〉載：

> 廣州，鎮南海。濱際海隅，委輸交部，雖民戶不多，而俚獠猥雜，皆樓居山險，不肯賓服。西南二江，川源深遠，別置督護，專征討之。捲握之資，富兼十世。尉他餘基，亦有霸跡。江左以其遼遠，蕃戚未有居者，唯宋隨王誕（劉誕）為刺史。[23]

書中沒有詳細言明廣州的戶口和人口數目，但已指出戶口不多，並說明「俚獠猥雜」，看來不大願意接受朝廷的管轄。當時的廣州共轄郡二十三，縣一百二十七，現據《南齊書》卷 14〈州郡志．上〉的記載表列如下：[24]

郡名	縣名	轄縣數目
南海郡	番禺、熙安、博羅、增城、龍川、懷化、西平、綏寧、新豐、羅陽、高要、安遠、河源	13
東官郡	懷安、寶安、海安、欣樂、海豐、齊昌、陸安、興寧	8

23 同上書，頁 262。
24 同上書，頁 262–266。

郡名	縣名	轄縣數目
義安郡	綏安、海寧、海陽、義招、潮陽、程鄉	6
新寧郡	博林、南興、臨浣、甘泉、新成、威平、單牒、龍潭、城陽、威化、歸順、初興、撫納、平鄉	14
蒼梧郡	廣信、寧新、封興、撫寧、遂城、丁留、懷熙、猛陵、廣寧、蕩康、僑寧、思安	12
高涼郡	安寧、羅州、莫陽、西鞏、思平、禽鄉、平定	7
永平郡	夫寧、安沂、埱安、盧平、員鄉、蘇平、逋寧、雷鄉、開城、毗平、武林、豐城	12
晉康郡	威城、都城、夫阮、元溪、安遂、晉化、永始、端溪、賓江、熙寧、樂城、武定、悦城、文招、義立	15
新會郡	盆允、新夷、封平、初賓、封樂、義寧、新熙、永昌、始康、招集、始成	11
廣熙郡	龍鄉、羅平、賓化、寧鄉、長化、定昌、永熙、寶寧	8
宋康郡	廣化、石門、化隆、遂度、威覃、單城、開寧、海隣、興定、綏定	10
宋隆郡	平興、招興、崇化、建寧、熙穆、崇德	6
海昌郡	寧化、招懷、永建、始化、新建	5
綏建郡	新招、四會、化蒙、化注、化穆	5
樂昌郡	始昌、樂山、宋元、義立、安樂	5
鬱林郡	布山、鬱平、阿林、建安、始集、龍平、賓平、新林、綏寧、中胄、領方、懷安、歸化、晉平、威化	15

郡名	縣名	轄縣數目
桂林郡	武熙、騰溪、潭平、龍岡、臨浦、中留、武豐、程安、威定、潭中、安遠、安化、龍定	13
寧浦郡	安廣、簡陽、平山、寧浦、興道、吳安	6
晉興郡	晉興、熙注、桂林、增翊、安廣、廣鬱、晉城、鬱陽	8
齊樂郡	希平、觀寧、臻安、宋平、綏南、封陵	6
齊康郡	樂康	1
齊建郡	初寧、永城	2
齊熙郡	/	0

這可見廣州郡縣的劃分已較晉宋時期增加不少。此正反映了南齊政權設法伸展力量進入廣州的決心。是故，自齊高帝以來，廣州政治局勢頗見穩定。及海陵王（蕭昭文，480–494，494 在位）延興元年（494），輔國將軍王詡（？–497）出為廣州刺史。由於海陵王昏庸，政局主見混亂，廣州亦捲入政爭漩渦中，刺史王詡亦因此見殺。《南齊書》卷 42〈王晏傳〉載：

晏（王晏，？–497）弟詡，永明（483–493）中為少府卿。六年（永明六年〔488〕），敕位未登黃門郎，不得畜女妓。詡與射聲校尉陰玄智坐畜妓免官，禁錮十年。敕特原詡禁錮。後出為輔國將軍、始興內史。廣州刺史劉纘為奴所殺，詡率郡兵討之。延興元年，授詡持節廣州刺史。

> 詡亦篤舊。晏誅，上又遣南中郎司馬蕭季敞襲詡殺之。[25]

是次亂事，只屬上層官吏內鬥，誅殺者亦不過一、二人，故於廣州影響不大。然廣州刺史竟會由江左流放罪人出任，此正間接反映了廣州官吏質素之低落。

誅殺了王詡後，南齊朝廷便改以征虜將軍蕭季敞出任廣州刺史。季敬雖以誅殺王詡立功，得以出鎮廣州，然由於朝政日亂，自東昏侯蕭寶卷（483–501，498–501 在位）繼位後，身為老臣的陳顯達，乘時起兵稱亂，蕭季敞亦牽涉在內，致遭殺身之禍。《南齊書》卷 29〈周盤龍傳〉載：

> （周盤龍〔414–493〕子）奉叔（周奉叔，? –494）弟世雄，永元（499–501）中為西江督護。陳顯達事後，世雄殺廣州刺史蕭季敞，稱季敞同逆，送首京師。廣州刺史顏翻討殺之。[26]

此後，南齊國政日見腐敗紛亂，大權漸落入握有軍事實力的大臣蕭衍（梁武帝，464–549，502–549 在位）手上。至齊和帝（蕭寶融，488–502，501–502 在位）中興二年（502），蕭衍更迫和帝禪位，建立梁朝，從而結束了南齊二十三年的短暫統治。

---

25 同上書，頁 744。
26 同上書，頁 546。

三、梁朝時期的廣州

《梁書》沒有〈州郡志〉，因此梁朝時期廣州的一般地理、行政、經濟概況，較難知悉，而人口和轄郡的名稱及數目，亦難得知。不過，就政治情況而言，從《梁書》亦可看到梁朝時期的廣州動亂頻仍，局勢頗不安定。梁武帝受禪後的第二年，已有朝廷官員於廣州稱兵為亂，惟迅即為刺史樂藹所平，為禍不大。《梁書》卷 19〈樂藹傳〉載：

> 二年（天監二年〔503〕），（樂藹）出為持節、督廣、交、越三州諸軍、冠軍將軍、平越中郎將、廣州刺史。前刺史徐元瑜罷歸，道遇始興人士反，逐內史崔睦舒，因掠元瑜財產。元瑜走歸廣州，借兵於藹，託欲討賊，而實謀襲藹。藹覺之，誅元瑜。[27]

大抵而言，徐元瑜因朝事變革，失去刺史職務，更因財物被掠，乃欲趁國主新立，局勢未穩之際，乘機奪權，豈料終為樂藹所覺而見殺。

徐元瑜之亂雖被平定，然而廣州的北方流人仍構成治安威脅，天監（502–519）年間，便爆發了流民王貞秀勾結地方官員欲謀據廣州之事。《梁書》卷 9〈王茂傳〉載：

---

27 姚思廉（557–637）：《梁書》（北京：中華書局，1973），頁 303。

> （王茂，456–515）子貞秀嗣，以居喪無禮，為有司奏，徙越州，後有詔留廣州，乃潛結仁威府中兵參軍杜景，欲襲州城，刺史蕭昂（483–535）討之。景，魏降人，與貞秀同戮。[28]

蕭昂於天監年間出任司徒右長史，後任廣州刺史，[29] 故王貞秀之謀亂，實為天監年間事。

除了本地官員和南遷流民先後謀亂外，南梁時期廣州亦有少數民族不服中央王命，據地作亂。《梁書》卷 32〈蘭欽傳〉載：

> （朝廷）又假欽（蘭欽，? –544/545）節，都督衡州三郡兵，討桂陽、陽山、始興叛蠻，至即平破之。……經廣州，因破俚帥陳文徹兄弟，並擒之。[30]

南梁以前，廣州少數民族雖不服朝廷管治，然尚未作亂，今就〈蘭欽傳〉以觀，則見當時廣州少數民族已感漢人勢力伸入嶺南，影響他們的生計，故乃聚眾反叛，使朝廷要出動名將蘭欽來平亂。

---

28 同上書，頁 177。
29 參看同上書，卷 24，〈蕭景傳〉，頁 370–371。
30 同上書，頁 466–467。

梁武帝大通三年（529），更有貴族蕭正則於廣州作亂，然不久即被討平。《梁書》卷3〈武帝紀·下〉載：

> （大通三年）冬十月己酉（初一日），行幸同泰寺，高祖升法座，為四部眾說《大般若涅盤經》義，迄于乙卯（初七日）。前樂山縣侯蕭正則有罪流徙，至是招誘亡命，欲寇廣州，在所討平之。[31]

《南史》卷51〈梁宗室傳·上〉載：

> 正則（蕭正則）字公衡，天監初，以王子封樂山侯。累遷太子洗馬、舍人。恒於第內私械百姓令養馬，又盜鑄錢。大通二年（528），坐匿劫盜，削爵徙鬱林。帝敕廣州日給酒肉，南中官司猶處以侯禮。正則滋怨諸父，與西江督護靳山顧通室，招誘亡命，將襲番禺。未及期而事發，遂鳴鼓會將攻州城。刺史元景仲（？–549）命長史元孝深討之。正則敗，逃於廁，村人縛送之，詔斬於南海。[32]

徐元瑜、王貞秀、蕭正則等雖以朝廷命官身分作亂，然皆在醞釀或初起時為官軍所敗，轉瞬間即被平定，故未有釀成大

31 同上書，頁75。
32 李延壽：《南史》（北京：中華書局，1975），頁1283。

禍亂。但至大同年間，廣州即因交州爆發變亂，一度陷於混戰，且被圍攻，幸得日後陳朝的開國君主陳霸先（陳高祖，503–559，557–559 在位）有智略，處事得宜，終將亂事平定。《陳書》卷 1〈高祖紀．上〉載：

> 大同（535–546）初，新喻侯蕭映為吳興太守，甚重高祖，嘗目高祖謂僚佐曰：「此人方將遠大。」及映為廣州刺史，高祖為中直兵參軍，隨府之鎮。映令高祖招集士馬，眾至千人，仍命高祖監宋隆郡。所部安化二縣元不賓，高祖討平之。尋監西江督護、高要郡守。先是，武林侯蕭諮（？–550）為交州刺史，以裒刻失眾心，土人李賁連結數州豪傑同時反，臺遣高州刺史孫冏、新州刺史盧子雄將兵擊之，冏等不時進，皆於廣州伏誅。子雄弟子略與冏子姪及其主帥杜天合、杜僧明（509–554）共舉兵，執南江督護沈顗（？–505），進寇廣州，晝夜苦攻，州中震恐。高祖率精兵三千，卷甲兼行以救之，頻戰屢捷，天合中流矢死，賊眾大潰。僧明遂降。梁武帝深歎異焉，授直閣將軍，封新安子，邑三百戶，仍遣畫工圖高祖容貌而觀之。[33]

33 姚思廉：《陳書》（北京：中華書局，1972），頁 2。

《陳書》雖只將亂事繫於「大同初」後而未確指何年；《資治通鑑》卻將陳霸先平定此亂事定於大同八年（542）。[34]梁武帝聞知捷訊，高興得要把陳霸先的樣貌繪畫下來。這可見他對廣州亂事的平定異常重視。這亦間接顯示了廣州的地位日形重要。陳霸先便因此役而聲名雀噪，地位日益鞏固。不久，梁武帝因深信佛法，不理朝政，導致侯景（503–552）作亂，被困臺城。陳霸先遂乘機擴充勢力，迫殺依附侯景的廣州刺史元景仲，並立蕭勃（？–557）為刺史。《陳書》卷1〈高祖紀．上〉載：

> 二年（太清二年〔548〕）冬，侯景寇京師，高祖（陳霸先）將率兵赴援，廣州刺史元景仲陰有異志，將圖高祖。高祖知其計，與成州刺史王懷明、行臺選郎殷外臣等密議戒嚴。三年（太清三年〔549〕）七月，集義兵於南海，馳檄以討景仲。景仲窮蹙，縊於閣下，高祖迎蕭勃鎮廣州。是時臨賀內史歐陽頠（498–563）監衡州，蘭裕、蘭京禮扇誘始興等十郡，共舉兵攻頠，頠請援於勃。勃令高祖率眾救之，悉擒裕等，仍監始興郡。[35]

---

34 參看司馬光編著：《資治通鑑》，卷158，〈梁紀．十四〉，頁4912–4913，梁武帝大同八年十二月條。

35 姚思廉：《陳書》，頁3。

《梁書》卷 39〈元法僧傳〉亦稱：

> 景仲（元法僧〔455–537〕子元景仲）封枝江縣公，邑千戶，拜侍中、右衛將軍。大通三年，增封，并前為二千戶，仍賜女樂一部。出為持節、都督廣越等十三州諸軍事、宣惠將軍、平越中郎將、廣州刺史。大同中，徵侍中、左衛將軍。兄景隆（元景隆）後為廣州刺史。侯景作亂，以景仲元氏之族，遣信誘之，許奉為主。景仲乃舉兵，將下應景。會西江督護陳霸先與成州刺史王懷明等起兵攻之，霸先徇其眾曰：「朝廷以元景仲與賊連從，謀危社稷，今使曲江公勃為刺史，鎮撫此州。」眾聞之，皆棄甲而散，景仲乃自縊而死。[36]

陳霸先在消滅元景仲勢力後，擁立蕭勃為廣州刺史，並率兵北向，前往討伐侯景。此時朝廷因侯景之亂動搖國本，自顧不暇，為了權宜之計，被迫承認蕭勃的地位，正式確認其為廣州刺史。[37] 但是蕭勃明白自己得以出任廣州刺史，只是因緣際會，憑藉陳霸先之力而已。剛被擁立的梁元帝（蕭繹，508–555，552–555 在位）也對蕭勃殊不放心，在這種互相猜疑的情況下，廣州又再生變亂。《陳書》卷 9〈歐陽頠傳〉載：

---

36 姚思廉：《梁書》，頁 554。

37 參看同上書，卷 5，〈元帝紀〉，頁 116。

> 侯景平，元帝遍問朝宰：「今天下始定，極須良才，卿各舉所知。」群臣未有對者。帝曰：「吾已得一人。」侍中王褒（513–576）進曰：「未審為誰？」帝云：「歐陽頠公正有匡濟之才，恐蕭廣州不肯致之。」乃授武州刺史，尋授郢州刺史，欲令出嶺，蕭勃留之，不獲拜命。尋授使持節、散騎常侍、都督衡州諸軍事、忠武將軍、衡州刺史，進封始興縣侯。時蕭勃在廣州，兵彊位重，元帝深患之，遣王琳（526–573）代為刺史。琳已至小桂嶺，勃遣其將孫瑒（516–587）監州，盡率部下至始興，避琳兵鋒。頠別據一城，不往謁勃，閉門高壘，亦不拒戰。勃怒，遣兵襲頠，盡收其此貲財馬仗。尋赦之，還復其所，復與結盟。[38]

於此，可見朝廷與廣州、梁元帝與蕭勃間，彼此都是爾虞我詐，互不信任。朝廷方面，梁元帝一面拉攏蕭勃的手下能臣歐陽頠，以分其權，一面又遣王琳出代蕭勃為廣州刺史，直接奪取其權。蕭勃方面，亦一面不讓歐陽頠離境，一面卻拒王琳入境。終於在梁敬帝（蕭方智，543–558，555–557 在位）太平二年（557）二月，這種貌合神離的局面，便以蕭勃正式撕下妥協的面具，興兵作亂而告結束。《梁書》卷 6〈敬帝紀〉載：

38 姚思廉：《陳書》，頁 158。

> （太平二年二月庚午〔初一日〕）太保、廣州刺史蕭勃舉兵反，遣偽帥歐陽頠、傅泰、勃從子孜為前軍，南江州刺史余孝頃（？–567）以兵會之。詔平西將軍周文育（509–559）、平南將軍侯安都（520–563）等率眾軍南討。……癸巳（二十四日），周文育軍於巴山生獲歐陽頠。三月庚子（初一日），文育前軍丁法洪於䗫口生俘傅泰。蕭孜、余孝頃軍退走。甲辰（初五日），以新除司空王琳為湘、郢二州刺史。甲寅（十五日），德州刺史陳法武、前衡州刺史譚世遠於始興攻殺蕭勃。[39]

蕭勃作亂時勢力雖然浩大，初起時亦得內應，但不足兩個月即被迅速平定。其中原因乃為朝廷對蕭勃早有戒備，故能控制得宜。但由於蕭勃於廣州仍然擁有龐大勢力，故於亂事平定後，朝廷仍要作出一番善後工作。《梁書》卷 6〈敬帝紀〉續載：

> （太平二年）夏四月癸酉（初五日），曲赦江、廣、衡三州；並督內為賊所拘逼者，並皆不問。……（丙申，二十八日）蕭勃故主帥前直閣蘭敳襲殺譚世遠，敳仍為亡命夏侯明徹所殺。勃故記室李寶藏奉懷安侯蕭任據廣州作亂。戊戌（三十日），侯安都進軍，余孝頃棄軍走，蕭孜

39 姚思廉：《梁書》，頁 148。

請降，豫章平。[40]

在廣州情勢陷於混亂而久未得安定的情況下，朝廷又起用對廣州頗為熟悉而又棄蕭勃歸順朝廷的歐陽頠出鎮廣州。《陳書》卷 9〈歐陽頠傳〉載：

> 蕭勃死後，嶺南擾亂，頠有聲南土，且與高祖有舊，乃授頠使持節、通直散騎常侍、都督衡州諸軍事、安南將軍、衡州刺史，始興縣侯。未至嶺南，頠子紇（歐陽紇，538–570）已克定始興。及頠至嶺南，皆慴伏，仍進廣州，盡有越地。改授都督廣、交、越、成、定、明、新、高、合、羅、愛、建、德、宜、黃、利、安、石、雙十九州諸軍事、鎮南將軍、平越中郎將、廣州刺史，持節、常侍、侯並如故。王琳據有中流，頠自海道及東嶺奉使不絕。[41]

由於有了歐陽頠的坐鎮，廣州的蕭勃餘黨也就不能為亂，安定局面也很快恢復過來。歐陽頠並向朝廷進貢，以示效忠。不久，陳霸先以武力作後盾，受梁主禪位，建立陳朝。

40 同上注。
41 姚思廉：《陳書》，頁 158。

四、陳朝時期的廣州

自梁武帝太清二年侯景作亂，梁武帝被幽禁臺城，終至餓死後，在廣州任職高要太守的陳霸先便在紛亂大局中乘時而起，先在廣州平定響應侯景的元景仲，再而率兵勤王，與王僧辯合平侯景，再又消滅王僧辯，以武力為基礎，受梁主禪位，建立陳朝。

陳霸先可說是依靠廣州為基礎，才能北上與群雄逐鹿，再而改朝換代，故廣州實可視為陳朝的龍興之地。這亦間接反映了發展至此時，廣州在政治、經濟、軍事上俱有一定的實力，故能以廣州一隅之地助陳霸先成其大業。可惜的是，《陳書》無〈州郡志〉，致使我們於今日對廣州在陳朝時的郡縣劃分、戶口及人口數目，均難知悉。但一般而言，廣州在陳朝，仍是禍亂相尋。

自陳霸先北上後，廣州便以歐陽頠為刺史，鎮轄四方，梁陳之際的改朝換代，對歐陽頠亦無影響，屢獲朝廷封賞。《陳書》卷 9〈歐陽頠傳〉載：

> 永定三年（559），（歐陽頠）進授散騎常侍，增都督衡州諸軍事，即本號開府儀同三司。世祖（陳文帝陳蒨，522–566，559–566 在位）嗣位，進號征南將軍，改封陽山

郡公，邑一千五百戶，又給鼓吹一部。[42]

歐陽頠於陳文帝天嘉四年（563）二月去世。但由於其家族熟知嶺南情況，故乃由其子歐陽紇襲父職，繼承刺史之位，繼續控制當地的軍政大局。《陳書》卷9〈歐陽頠傳〉復載：

> 紇（歐陽紇）字奉聖，頗有幹略。天嘉（560–566）中，除黃門侍郎、員外散騎常侍。累遷安遠將軍、衡州刺史。襲封陽山郡公，都督交、廣等十九州諸軍事、廣州刺史。在州十餘年，威惠著於百越，進號輕車將軍。[43]

由於歐陽氏家族久鎮南方，勢力日漸坐大，日久卒為朝廷所見疑，欲將其調回中央。結果，歐陽紇在部下慫恿下，為保存自己的力量而反叛。《陳書》卷9〈歐陽頠傳〉續載：

> 光大（567–569）中，上流蕃鎮並多懷貳，高宗（陳宣帝陳頊，530–582，568–582在位）以紇久在南服，頗疑之。太建元年（569），下詔徵紇為左衛將軍。紇懼，未欲就徵，其部下多勸之反，遂舉兵攻衡州刺史錢道戢（511–573）。道戢告變，乃遣儀同章昭達（518–572）討紇，

---

42 同上書，頁159。
43 同上注。

屢戰兵敗，執送京師，伏誅，時年三十三。家口籍沒。子詢（歐陽詢，557–641）以年幼免。[44]

《陳書》卷 26〈徐陵傳〉稱：

太建（569–582）初，廣州刺史歐陽紇舉兵反，高宗令儉（徐陵〔507–583〕子徐儉，? –588）持節喻旨。紇初見儉，盛列仗衛，言辭不恭，儉曰：「呂嘉之事，誠當已遠，將軍獨不見周迪（ ? –565）、陳寶應（ ? –564）乎？轉禍為福，未為晚也。」紇默然不答，懼儉沮其眾，不許入城，置儉於孤園寺，遣人守衛，累旬不得還。紇嘗出見儉，儉謂之曰：「將軍業已舉事，儉須還報天子，儉之性命雖在將軍，將軍成敗不在於儉，幸不見留。」紇於是乃遣儉從間道馳還。高宗乃命章昭達率眾討紇，仍以儉悉其形勢，敕儉監昭達軍。紇平，高宗嘉之，賜奴婢十人，米五百斛，除鎮北鄱陽王諮議參軍，兼中書舍人。[45]

《陳書》卷 11〈章昭達傳〉亦稱：

44 同上書，頁 159–160。
45 同上書，頁 335。

歐陽紇據有嶺南反，詔昭達都督眾軍討之。昭達倍道兼行，達於始興。紇聞昭達奄至，恇擾不知所為，乃出頓洭口，多聚沙石，盛以竹籠，置於水柵之外，用遏舟艦。昭達居其上流，裝艫造拍，以臨賊柵。又令軍人銜刀，潛行水中，以斫竹籠，籠篾皆解。因縱大艦隨流突之，賊眾大敗，因而擒紇，送於京師，廣州平。[46]

歐陽氏一家雖雄鎮廣州多年，但在朝廷的強大軍事攻勢下，終告摧枯拉朽般覆滅。陳朝方面，亦為少生事端而大赦廣州，不作追究。[47]此後，朝廷便多派世族擔任廣州刺史，但可惜其中有不能躬行善政，遭有司所奏而告罷黜者，南康愍王陳曇朗（529–556）子陳方泰即是。《陳書》卷 14〈南康愍王曇朗傳〉載：

方泰少麤獷，與諸惡少年群聚，遊逸無度，世祖（陳文帝）以南康王故，特寬貰之。……太建四年（572），遷使持節、都督廣、衡、交、越、成、定、明、新、合、羅、德、宜、黃、利、安、建、石、崖十九州諸軍事、平越中郎將、廣州刺史。為政殘暴，為有司所奏，免官。[48]

46 同上書，頁 183。
47 參看同上書，卷 5，〈宣帝紀〉，頁 78。
48 同上書，頁 211。

此後，廣州便先後由長沙王陳叔堅、池君高為刺史，君高之後，繼任者則為馬靖，甚得民望，但卻為朝廷所疑，終於見殺，刺史一職由世族陳方慶（？–589）所代。《陳書》卷14〈南康愍王曇朗傳〉復載：

> 至德二年（584），（陳方慶）進號智武將軍、武州刺史。初，廣州刺史馬靖久居嶺表，大得人心，士馬彊盛，朝廷疑之。至是以方慶為仁威將軍、廣州刺史，以兵襲靖。靖誅，進號宣毅將軍。方慶性清謹，甚得民和。四年（至德四年〔586〕），進號雲麾將軍。[49]

陳方慶接任不數年，時局即起變化，隋師在晉王楊廣（隋煬帝，569–618，604–618在位）、賀若弼（544–607）、韓擒虎（538–592）等率領下，大舉渡江，勢如破竹，陳軍無法抵抗。不久，建業城破，陳後主（陳叔寶，553–604，582–589在位）被俘，隋將韋洸（？–590）乘勝率軍直逼嶺表。《陳書》卷14〈南康愍王曇朗傳〉載：

> 禎明三年（589），隋師濟江，東衡州刺史王勇（？–589）遣高州刺史戴智烈將五百騎迎方慶（陳方慶），欲令承制總督征討諸軍事。是時隋行軍總管韋洸帥兵度嶺，宣

49 同上書，頁213。

隋文帝（楊堅，541–604，581–604在位）敕云：「若嶺南平定，留勇與豐州刺史鄭萬頃（？–589）且依舊職。」方慶聞之，恐勇賣己，乃不從，率兵以拒智烈。智烈與戰，敗之，斬方慶於廣州，虜其妻子。

王勇，太建中為晉陵太守，在職有能名。方慶之襲馬靖也，朝廷以勇為超武將軍、東衡州刺史，領始興內史，以為方慶聲勢。靖誅，以功封龍陽縣子。及隋軍臨江，詔授勇使持節、光勝將軍、總督衡、廣、交、桂、武等二十四州諸軍事、平越中郎將，仍入援。會京城陷，勇因移檄管內，徵兵據守，使其同產弟鄧暠將兵五千，頓於嶺上。又遣使迎方慶，欲假以為名，而自執兵要。及方慶敗績，虜其妻子，收其貲產，分賞將帥。又令其將王仲宣、曾孝武迎西衡州刺史衡陽王伯信（陳伯信，？–589），伯信懼，奔於清遠郡，孝武追殺之。是時韋洸兵已上嶺，豐州刺史鄭萬頃據州不受勇召，而高梁女子冼氏舉兵以應隋軍，攻陷傍郡，勇計無所出，乃以其眾降。[50]

隨著陳朝的滅亡，六朝時期南北對峙局面亦告結束。偏處南方的廣州亦隨著王勇的投降而歸附於隋，中國又復歸大一統時代，廣州的開發又揭開新的一頁。

---

50 同上書，頁213–214。

五、總論六朝時期的廣州

從上列各節中，我們得見南北朝對立時期的廣州，雖偏處南隅，避過胡羯的侵擾，惟內政仍是動盪不已，而禍亂之構成，每多與地方豪族有關。東吳士徽、郭馬，西晉王機，東晉盧循、徐道期，劉宋蕭簡，南梁蕭勃、元景仲，陳朝歐陽紇等人作亂，都是緣於地方豪族為保實力，抗拒朝廷深入控制而發。故我們可說六朝時期廣州政局，由吳至陳莫不是群雄逐鹿，割據兼併。

自晉室南渡以後，中原成了胡漢仇殺的場所，無一片乾淨土，加上不少中原漢人忠於故國，不肯屈辱求存，故南遷者日眾。廣州因偏處南方，未受五胡亂華之禍波及，故南移漢人定居廣州者漸多，江左朝廷對廣州乃日見重視。

六朝期間，朝廷為了打擊地方豪族，加強其在廣州的統治地位，確是費了不少心血。此因廣州遠處南僻，朝廷勢力鞭長莫及，加上北方外患日亟，不得不全力應付，於是地方豪酋或野心的州郡官員都很容易乘機發展勢力。在廣州方面，刺史一職，竟有父子繼任，如東吳士家、陳朝歐陽家，從而形成世襲的局面。

在朝廷而言，雖面對著北方有吞併野心的強敵壓境，仍對廣州甚為注重。每當地方豪族或野心刺史之勢力快成禍患時，朝廷便會施以各種壓制手段，迫使他們反叛，然後發動大軍，作一殲滅性打擊，把豪酋的勢力連根拔掉。六朝以來，朝廷政府皆行此策，吳士徽、晉王機、宋蕭簡、梁蕭勃、陳歐陽紇之亂，莫不因是而敉平。任何廣州之叛亂，無論初起時聲勢如何龐大，往往不及一年即為朝廷所平，故六朝期間，雖然世局混亂，廣州始終沒有出現獨立的王國。

此外，從《晉書》、《宋書》、《南齊書》的〈州郡志〉，可見由晉至宋齊，廣州的郡縣數目日漸增多，郡縣界限的劃分也更見細密。這反映了朝廷派遣更多官員至廣州以作管治。同時，隨著郡縣的增多，把地方權力範圍縮小，使地方豪族勢力削弱。此外，六朝期間，廣州新置郡縣有名為「宋康郡」、「宋隆郡」、「齊熙郡」等，以朝廷國號及吉兆字句命名，足見朝廷對廣州之著重。

此外，六朝期間廣州地方之動亂，除盧循之亂外，皆不出本州範圍。他們所爭者往往為廣州一城，只要州城一破，動亂即不能延續。此亦間接反映了六朝時期，嶺南一地的發展核心，乃在廣州一城，其他郡縣則較為落後。

以廣州為基地北上逐鹿中原者，於六朝時代，有盧循、陳霸先二人。盧循如唐代的黃巢（835–884）般，其佔據廣州，只為權宜之計，以博取立足點和喘息時間。他亦不會以割據廣州為滿足，故一旦羽毛豐豐，便會離開廣州，揮軍北上。值得注意的是，盧循再次作亂，雖然聲勢浩大，結果終亦失敗。盧循之敗，實在與其後方基礎不穩有關，試觀其陷廣州時，廬舍俱焚，人民死亡超過三萬，結果，盧循所得僅是空城一座，白骨成堆，故雖得地亦何以為？一旦晉軍施以奇襲，廣州便在一日之內易手，盧循亦因驟失根據地，陷入困境，而告敗亡。

與盧循相反的，便是陳霸先的成功。陳霸先以高要太守之職，於梁末侯景作亂時，弔民伐罪，率兵北上勤王，結果不單翦除元凶，為國除害，兼且受梁主禪位，得為開國之君。固然，侯景、王僧辯諸人，無論在才識和氣魄方面，實不足與陳霸先相比，但如果沒有廣州為基礎，以該地之經濟軍事力量作後盾，陳霸先亦未必能成就大業。

總括而言，廣州在六朝時期，是於長時期安定而雜有間歇性動亂中度過。雖然地方割據勢力的為禍，使廣州在政治、經濟、文化發展各方面，受到一定的阻礙，但與同一時期成為殺伐場所的黃河流域相比，廣州仍可說是一片大亂中的安樂土。

| 第五章 |

六朝時期廣州的吏治

一、廣州的開發與吏治的關係

大凡言及一地之開發，吏治之賢否實有莫大之關係，此因地方官如民之父母，如能勤於吏治，則百姓安居，地方建設亦會為之加速。《晉書》卷 90〈良吏傳〉有以下的看法：

> 漢宣帝（劉詢，前 91–前 48，前 74–前 48 在位）有言：「百姓所以安其田里而無歎息愁恨之心者，政平訟理也。與我共此者，其唯良二千石乎！」此則長吏之官實為撫導之本。是以東里（子產，? –前 522）相鄭，西門（西門豹）宰鄴，潁川黃霸（前 130–前 51），蜀郡文翁（前 187–前 110），或吏不敢欺，或人懷其惠，或教移齊魯，

或政務寬和，斯並惇史播其徽音，良能以為準的。[1]

廣州地處南陲，遠離中央，朝廷本應對官吏慎加挑選，量才而用，以威著南服。但實際不然，就一般而言，由秦漢以迄唐宋，中原甚或江左人士對於出仕廣州都視為畏途，非不得已，是絕不願意涉足。此因自古以來，在中原人士的心目中，嶺南一帶是魚龍曼衍、草昧蠻荒之地，加以與中原相隔遙遠，道路傳聞，使人對廣州更抱有種種神秘感。今試觀唐代韓愈（768–824）被貶往潮州時所賦的〈左遷至藍關示姪孫湘〉，即可見個中梗概：

一封朝奏九重天，夕貶潮州路八千。
欲為聖明除弊事，肯將衰朽惜殘年。
雲橫秦嶺家何在？雪擁藍關馬不前。
知汝遠來應有意，好收吾骨瘴江邊。[2]

就此詩以觀，可見唐代中葉，中原人士仍視嶺南為一去不還的必死之所。如此更遑論魏晉六朝時期了。

其實廣州的山林瘴氣，洪荒炎野，絕非中原人士誇大其辭，而是確有根據。唐代劉恂的《嶺表錄異》卷上嘗載：

1　房玄齡等：《晉書》，頁 2327。
2　韓愈：《韓昌黎全集》（上海：國學整理社，1935），頁 163。

南海秋夏間，或雲物慘然，則其暈如虹，長六、七尺。比候則颶風必發，故呼為「颶母」。忽見有震雷，則颶風不能作矣。舟人常以為候，豫為備之。

惡風謂之颶。壞屋折樹，不足喻也。甚則吹屋瓦如飛蝶，或二三年不一風，或一年兩三風，亦繫連帥政德之否臧者。然發則自午及酉，夜半必止。此乃飄風不終朝之義也。

嶺表或見物自空而下，始如彈丸，漸如車輪，遂四散。人中之即病，謂之瘴母。

嶺表山川，盤鬱結聚，不易疏洩，故多嵐霧作瘴。人感之，多病腹脹成蠱。俗傳有萃百蟲為蠱，以毒人。蓋濕熱之地，毒蟲生之，非第嶺表之家性慘害也。

沓潮者，廣州去大海，不遠二百里。每年八月，潮水最大，秋中復多颶風。當潮水未盡退之間，颶風作，而潮又至，遂至波濤溢岸，淹沒人廬舍，蕩失苗稼，沈溺舟船，南中謂之沓潮。或十數年一有之，亦繫時數之失耳。俗呼為海翻為漫天。[3]

這樣的描述，令人感到廣州幾是不宜人居的世界。在廣州的中原人士不少為流放罪人或貶謫官吏，他們多是逼不得已才

3　劉恂：《嶺表錄異》，收入《叢書集成初編》（上海：商務印書館，1936），頁 1。

到這蠻荒之地，而他們往往或身犯大罪，被判死刑，或因父兄謀反而遭牽連，致流徙廣州。此亦可見，六朝時期流徙廣州者，刑罰僅比死刑略輕而已。此因遠謫南陲，一去萬里，遠離政治中心，而且氣候不常，山林煙瘴，無論風土人情，皆與江南或中原迥異，流落斯土，亦與赴冥府無異。

在這種情況下，出任廣州州郡官員者，惟望盡早升遷，調回中央。不少被遣派出任者，或借故推辭，或奔走相託，以求不履斯土。人在此地者，則惟抱「五日京兆」之心，[4] 故吏治敗壞，實屬必然。這種吏治敗壞的情況，早在孫吳未將交廣加以劃分時，已有人言及。《三國志》卷 53〈吳書・薛綜傳〉載：

> 呂岱從交州召出，綜（薛綜）懼繼岱者非其人，上疏曰：「……漢武帝誅呂嘉，開九郡，設交阯刺史以鎮監之。山川長遠，習俗不齊，言語同異，重譯乃通，民如禽獸，長幼無別，椎結徒跣，貫頭左衽，長吏之設，雖有若無。自斯以來，頗徙中國罪人雜居其間，稍使學書，粗知言語，使驛往來，觀其禮化。及後錫光為交阯、任延為九真太守，乃教其耕犂，使之冠履；為設媒官，始知聘娶；建立學斆，導之經義。由此已降，四百餘年，頗有似類。……然而土廣人眾，阻險毒害，易以為亂，難使從治。縣官羈縻，示令威服，田戶之租賦，裁取供辦，貴

4　參看班固：《漢書》，卷 76，〈張敞傳〉，頁 3223。

致遠珍名珠、香藥、象牙、犀角、瑇瑁、珊瑚、琉璃、鸚鵡、翡翠、孔雀、奇物、充備寶玩，不必仰其賦入，以益中國也。然在九甸之外，長吏之選，類不精覈。漢時法寬，多自放恣，故數反違法。珠崖之廢，起於長吏覩其好髮，髠取為髲。及臣所見，南海黃蓋為日南太守，下車以供設不豐，撾殺主簿，仍見驅逐。九真太守儋萌為妻父周京作主人，并請大吏，酒酣作樂，功曹番歆起舞屬京，京不肯起，歆猶迫彊，萌忿杖歆，亡於郡內。歆弟苗帥眾攻府，毒矢射萌，萌至物故。交阯太守士燮遣兵致討，卒不能克。又故刺史會稽朱符，多以鄉人虞褒、劉彥之徒分作長吏，侵虐百姓，彊賦於民，黃魚一枚收稻一斛，百姓怨叛，山賊並出，攻州突郡。符走入海，流離喪亡。次得南陽張津，與荊州牧劉表為隙，兵弱敵彊，歲歲興軍，諸將厭患，去留自在。津小檢攝，威武不足，為所陵侮，遂至殺沒。後得零陵賴恭，先輩仁謹，不曉時事。表又遣長沙吳巨為蒼梧太守。巨武夫輕悍，不為恭所服，輒相怨恨，逐出恭，求步騭。是時津故將夷廖、錢博之徒尚多，騭以次鉏治，綱紀適定，會仍召出。呂岱既至，有士氏之變。越軍南征，平討之日，改置長吏，章明王綱，威加萬里，大小承風。由此言之，綏邊撫裔，實有其人。牧伯之任，既宜清能，荒流之表，禍福尤甚。今日交州雖名粗定，尚有高涼宿賊；其南海、蒼梧、鬱林、珠官四郡界未綏，依作寇盜，專為亡叛逋逃之藪。若岱不復南，新刺史宜得精

> 密，檢攝八郡，方略智計，能稍稍以漸能治高涼者，假以威寵，借之形勢，責其成效，庶幾可補復。如但中人，近守常法，無奇數異術者，則羣惡日滋，久遠成害。故國之安危，在於所任，不可不察也。[5]

根據薛綜的上疏，可得見遠離中央的偏遠州郡，在交通並不發達、通訊設備又不完善的情況下，握有一地實權的刺史，實可隨一己之意，便宜行事。刺史如能勤於政事，清廉自守，則一地自不免受惠，百姓安居，教化後學，故或偏處一隅，亦可成樂土。反之，刺史若榨取民財，任用私人，為所欲為，中央亦因鞭長莫及，不能制止，只得隨其發展，而致民怨沸騰，釀成大禍。孫吳時期，由於交廣刺史等地方官員，並非精選，故得自為放恣，違法妄作，以致百姓怨畔，甚且有州郡官吏，自行作主，與劉表相攻戰，以致敗沒，是故綱紀不振，禍亂相尋。此亦間接得見孫吳政權對廣州之忽略。當時的孫吳政權，北有曹魏、西有蜀漢，三國鼎峙，其注意力自不得不放在魏、蜀二大敵之上，對於廣州，只求羈縻。是故當地吏治崩壞，而孫吳政權亦無計可施，只得偶然選派得力大臣如步騭、呂岱前往坐鎮，但亦發生刺史乘時割據，如士家之雄據廣州。

---

5 陳壽：《三國志》，頁 1251–1253。

二、東晉以來廣州官吏的貪墨

自晉統一全國後，原屬孫吳政權的南方各地，都呈現著懷念故國，不附新朝的情緒，局勢頗不安定。《晉書》卷 28〈五行志．中〉載：

> 武帝太康三年（282）平吳後，江南童謠曰：「局縮肉，數橫目，中國當敗吳當復。」又曰：「宮門柱，且當朽，吳當復，在三十年後。」又曰：「雞鳴不拊翼，吳復不用力。」于時吳人皆謂在孫氏子孫，故竊發為亂者相繼。案「橫目」者四字，自吳亡至元帝興幾四十年，元帝興於江東，皆如童謠之言焉。元帝懦而少斷，「局縮肉」者，有所斥也。[6]

所以，西晉王朝最急切的要求便是令孫吳轄境完全歸化。廣州因處於孫吳轄境之南陲，不若江南般較接近中原，對朝廷之命令，自然接收較慢；而當時胡族勢力日漸增強，遂成為西晉統治者的新危機。[7]是故，晉室對於廣州，其注意力也不若

6　房玄齡等：《晉書》，頁 844。

7　勞榦《魏晉南北朝史》嘗稱：「東漢中葉以來，對於西北經營，漸次鬆懈，獻帝（漢獻帝劉協，181–234，189–220 在位）時天下大亂，北邊各郡的人口又漸次逃亡，曹操後來勉強設了一個新興郡，形勢已遠不如從前了。再加上中央政府不振作，造成外族入侵的機會，於是在種種原因之下，成為西晉末年的局面。」見勞榦：《魏晉南北朝史》（臺北：華崗書局，1971）頁 47。

其他州郡，只求其歸順服從中央而已。當時廣州之吏治，無甚可述，大抵皆由州郡刺史、地方長官，隨其所欲，為所欲為，故有王毅、王機父子闔門稱雄，割據廣州，甚且斥逐朝廷命官，而晉室莫奈其何。

永嘉之亂的爆發，頓使黃河一帶為胡羯所據，成為民族仇殺場所，不少中原人士相率南渡，憑藉長江天險以限胡馬之足；於是，便出現了南北對峙之局。然而江東士族，無心助南來之北人光復故土，故北伐無望，逐漸便成定局。至此，南來之中原士族對中原已可望而不可即，而本身播遷江左，客居異鄉，被迫在南土立地生根，更成不可避免之事實。恰好，廣州孤懸南陲，全不受八王之亂、永嘉之亂以至十六國之亂的破壞影響，在大動亂時代中，成為世外桃源。晉室對中原既一時間無法迅即收復；對江南各地，便不得不大加重視。因為，江南一帶一旦禍亂蠭起，晉元帝以至王、謝諸人，便皆無立足之所了。

在這種背景下，由晉至陳，縱然出現君主荒淫、朝政腐敗的局面，但各政權都對轄境每一處地區嚴加控制，毫不放鬆。因此，廣州在六朝期間，雖曾出現地方豪酋割據的情況，但都隨起隨滅，不能割據一方。由東晉時陶侃平王機以至陳朝時章昭達平歐陽紇，我們都可看到中央力求對廣州加強控制和整頓吏治的決心。

六朝期間，南朝政權雖無時無刻希望加強對廣州的控制；可是廣州在地理和氣候上都存在不少缺點，如遠處南陲，與朝廷關山阻隔，音信難通，加上氣候炎熱，風土人情與江南不合，因此願意往廣州為官者，可說極少。但自秦漢以還，廣州出產各種奇珍異寶，為中原人士所珍視渴求，加上自六朝以來，外國商船至者日多，對外商業日漸興盛，成為全國的對外貿易重心，這便予地方官吏斂財致富的機會。由晉至陳，廣州官吏的貪墨情況，實在頗為驚人。《晉書》卷90〈良吏傳〉載：

> 廣州包帶山海，珍異所出，一篋之寶，可資數世，然多瘴疫，人情憚焉。唯貧窶不能自立者，求補長吏，故前後刺史皆多黷貨。[8]

《南齊書》卷32〈王琨傳〉稱：

> 南土沃實，在任者常致巨富，世云「廣州刺史但經城門一過，便得三千萬」也。[9]

於此可見由西晉至南齊，外貿興盛的廣州，州郡官吏們大都憑著優越的地位，藉機搜刮財富，甚至為了錢財，但求派往廣州，瘴疫也無所懼。至於地方官員迅速致富的情形，更使

8　房玄齡等：《晉書》，頁2341。
9　蕭子顯：《南齊書》，頁578。

人人咋舌，只需短時間的「城門一過」，便可得錢三千萬，是故如父子相繼出鎮廣州的士燮、士徽、王毅、王機、歐陽頠、歐陽紇等，其財富數目自當更為驚人。

這種貪瀆之風影響下，廣州刺史因貪污而遭朝廷懲治降職者，大不乏人，茲摘舉數例。《宋書》卷 69〈范曄傳〉載：

> 初，魯國孔熙先（？–445）博學有縱橫才志，文史星算，無不兼善。為員外散騎侍郎，不為時所知，久不得調。初熙先父默之為廣州刺史，以贓貨得罪下廷尉，大將軍彭城王義康（劉義康）保持之，故得免。[10]

《宋書》卷 65〈劉道產傳〉亦載：

> 道產（劉道產，？–442）弟道錫，巴西、梓潼二郡太守。……二十一年（元嘉二十一年〔444〕），遷揚烈將軍、廣州刺史。二十七年（元嘉二十七年〔450〕），坐貪縱過度，自杖治中荀齊文垂死，乘轝出城行，與阿尼同載，為有司所糾。值赦，明年散徵，又以赦後餘贓，收下廷尉，被宥病卒。[11]

---

10 沈約：《宋書》，頁 1820。
11 同上書，頁 1720。

這種恣意妄為、貪贓斂財的情形，很能體現出六朝期間廣州地方官吏的搜刮情形。南宋章如愚（慶元二年〔1196〕進士）《山堂先生群書考索續集》卷 51〈輿地門 · 兩廣〉的〈廣南東西路〉條稱：

> 漢魏以還，守官廣南者，多以貪墨坐激吏民之叛，啟蠻獠之寇，實由於此，蓋古今之同患也。抑嘗考其故，嬴秦以來，以守令為治，臺省銓除，莫不以內地為重，以邊遠為輕，而廣南之地，去京華為尤遠，瘴癘蠱毒，種種穢惡。內地之人，南轅越領（當作「嶺」），不啻斥逐，必罪戾孱庸，不得已然後膺其選。既百舍登途，往返重費，不過厚取於民耳，而又地產珍奇，掌握之物，足當數世。疆域曠邈，按察稀臨，京闕萬里，赴訴莫及，則無聊汩沒之人，何憚而不為賄乎？歷古交廣之間，民獠多叛，致騷擾江淮，震輆（當作「駭」）朝省，職由此也。[12]

持論可謂真確。

---

12 章如愚：《山堂先生群書考索續集》（元延祐七年〔1320〕圓沙書院刻本），卷 51，頁 3 下–4 上。

三、六朝時期廣州的良吏

在這種貪瀆敗壞的風氣影響下，廣州的吏治，自然不良，而地方的開發，亦相應受到阻礙。但幸好在六朝期間，廣州曾出現一批廉潔自守、勤政愛民的州郡長官，多少扭轉了貪墨的風氣，使廣州的發展，得以大步向前。

有晉一代，於廣州任職的賢吏，除了名重一時的陶侃外，便是吳隱之了。《晉書》卷 90〈良吏傳〉載：

> 朝廷欲革嶺南之弊，隆安（397–401）中，以隱之（吳隱之）為龍驤將軍、廣州刺史、假節，領平越中郎將。未至州二十里，地名石門，有水曰貪泉，飲者懷無厭之欲。隱之既至，語其親人曰：「不見可欲，使心不亂。越嶺喪清，吾知之矣。」乃至泉所，酌而飲之，因賦詩曰：「古人云此水，一歃懷千金。試使夷（伯夷）齊（叔齊）飲，終當不易心。」及在州，清操踰厲，常食不過菜及乾魚而已，帷帳器服皆付外庫，時人頗謂其矯，然亦終始不易。帳下人進魚，每剔去骨存肉，隱之覺其用意，罰而黜焉。元興（402–404）初，詔曰：「夫孝行篤於閨門，清節厲乎風霜，實立人之所難，而君子之美致也。龍驤將軍、廣州刺史吳隱之孝友過人，祿均九族，菲己潔素，儉愈魚飧。夫處可欲之地，而能不改其操，饗惟錯之富，而家人不易其服，革奢務嗇，南域改觀，朕

> 有嘉焉。可進號前將軍，賜錢五十萬、穀千斛。」及盧循寇南海，隱之率厲將士，固守彌時，長子曠之戰沒。循攻擊百有餘日，踰城放火，焚燒三千餘家，死者萬餘人，城遂陷。隱之攜家累出，欲奔還都，為循所得。循表朝廷，以隱之黨附桓玄，宜加裁戮，詔不許。劉裕與循書，令遣隱之還，久方得反。歸舟之日，裝無餘資。及至，數畝小宅，籬垣仄陋，內外茅屋六間，不容妻子。劉裕賜車牛，更為起宅，固辭。……初，隱之為奉朝請，謝石（327–389）請為衛將軍主簿。隱之將嫁女，石知其貧素，遣女必當率薄，乃令移廚帳助其經營。使者至，方見婢牽犬賣之，此外蕭然無辦。後至白番禺，其妻劉氏齎沈香一斤，隱之見之，遂投於湖亭之水。[13]

吳隱之的廉潔，在六朝時期廣州刺史中，確屬罕見。他這種為民表率的精神，亦使人肅然起敬。是故，東晉王朝亦對他大為嘉許。

劉宋時，繼吳隱之後，於廣州刺史任內，清廉有政聲者，亦有王鎮之（357–422）、徐豁（378–428）、陸徽（391–452）、王琨（399–482）等人。他們皆深得民望。關於他們在廣州的治績，《宋書》卷 92〈良吏傳〉載：

---

13 房玄齡等：《晉書》，頁 2341–2343。

王鎮之，字伯重，琅邪臨沂人，⋯⋯出為使持節、都督交廣二州諸軍事、建威將軍、平越中郎將、廣州刺史。高祖謂人曰：「王鎮之少著清績，必將繼美吳隱之。嶺南之弊，非此不康也。」在鎮不受俸祿，蕭然無所營。去官之日，不異始至。[14]

徐豁，字萬同，東莞姑幕人也。⋯⋯元嘉（425–453）初，為始興太守。⋯⋯在郡著績，太祖嘉之。下詔曰：「始興太守豁，潔己退食，恪居在官，政事修理，惠澤沾被。近嶺南荒弊，郡境尤甚，拯卹有方，濟厥饑饉，雖古之良守，蔑以尚焉。宜蒙褒賁，以旌清績，可賜絹二百匹，穀千斛。」五年（元嘉五年〔428〕），以為持節、督廣交二州諸軍事、寧遠將軍、平越中郎將、廣州刺史。未拜，卒，時年五十一。太祖又下詔曰：「豁廉清勤恪，著稱所司，故擢授南服，申其才志。不幸喪殞，朕甚悼之。可賜錢十萬，布百匹，以營葬事。」[15]

陸徽，字休猷，吳郡吳人也。⋯⋯元嘉十四年（437）為始興太守。明年，仍除使持節、交廣二州諸軍事、綏遠將軍、平越中郎將、廣州刺史。清名亞王鎮之，為士民所愛詠。上表薦士曰：「臣聞陵雪褒穎，貞柯必振；尊風賞流，清原斯挹。是以衣囊揮譽於西京，折轅延高於東帝。

14 沈約：《宋書》，頁 2262–2263。
15 同上書，頁 2265–2267。

伏見廣州別駕從事史朱萬嗣，年五十三，字少豫，理業沖夷，秉操純白，行稱私庭，能著官政。雖氏非世祿，宦無通資，而隨牒南服，位極僚首，九綜州綱，三端府職，頻掌蕃機，屢績符守。年暨知命，廉尚愈高，冰心與貪流爭激，霜情與晚節彌茂。歷宰金山，家無寶鏤之飾；連組珠海，室靡瑠珥之珍。確然守志，不求聞達，實足以澄革汙吏，洗鏡貪氓。臣謬忝司牧，任專萬里，雖情祇慎擢，才闕豪露，敢罄愚陋，舉其所知。如得提名禮闈，抗跡朝省，摶嶺表之清風，負冰宇之潔望，則恩融一臣，而施光萬物。敢緣天澤雲行，時德雨施，每甄外州，榮加遠國。是以獻其瞽言，希垂聽覽。」……二十九年（元嘉二十九年〔452〕），卒，時年六十二。身亡之日，家無餘財。太祖甚痛惜之。詔曰：「徽厲志廉潔，歷任恪勤，奉公盡誠，克己無倦。褒榮未申，不幸夙殞，言念在懷，以為傷恨。可贈輔國將軍，本官如故。」賜錢十萬，米二百斛。謚曰簡子。[16]

《南齊書》卷 32〈王琨傳〉亦載：

王琨，瑯邪臨沂人也。……孝建（454–456）初，……出為持節、都督廣交二州軍事、建威將軍、平越將軍、平

16 同上書，頁 2267–2268。

越中郎將、廣州刺史。南土沃實，在任者常致巨富，世云「廣州刺史但經城門一過，便得三千萬」也。琨無所取納，表獻祿俸之半。州鎮舊有鼓吹，又啟輸還。及罷任，孝武（宋孝武帝）知其清，問還資多少？琨曰：「臣買宅百三十萬，餘物稱之。」帝悅其對。[17]

從上列諸記傳，可見劉宋期間，廣州官吏貪墨致富的情形，已漸為朝廷所悉，故為裨補缺漏，朝廷便經常派遣清廉能幹的官吏往廣州出任要職，而王鎮之、徐豁、陸徽、王琨以至朱萬嗣，亦頗稱職，故在一定時期內，使廣州吏治蒸蒸日上。

南齊國祚雖短，亦嘗為廣州委任稱職良吏，並在地方享有政聲。《梁書》卷 52〈止足傳〉載：

陶季直（437–511），丹陽秣陵人也。祖愍祖，宋廣州刺史。……齊初，為尚書比部郎，……遷太尉記室參軍。出為冠軍司馬、東莞太守，在郡號為清和。[18]

及至梁朝，由於國祚不短，兼以南弱北強之勢已告形成，故北伐中原之舉動，已不如晉宋時期那樣起勁。恰好此時外貿日盛，商舶來華者日眾，廣州亦日漸繁榮，並取代了交州的

17 蕭子顯：《南齊書》，頁 577–578。
18 姚思廉：《梁書》，頁 761。

地位。朝廷方面，眼見廣州地位日益重要，便委任不少清廉能幹之士任官廣州。有梁一代，廣州地方能吏有蕭勱、王僧孺（465–522）、王勱（506–572）等。《南史》卷 51〈梁宗室傳·上〉載：

> 勱（蕭勱）字文約，弱不好弄，喜慍不形於色。……遷豫章內史，道不拾遺，男女異路。徙廣州刺史，去郡之日，吏人悲泣，數百里中，舟乘填塞，各齎酒肴以送勱。勱人為納受，隨以錢帛與之。……廣州邊海，舊饒，外國舶至，多為刺史所侵，每年舶至不過三數。及勱至，纖豪不犯，歲十餘至。俚人不賓，多為海暴，勱征討所獲生口寶物，軍賞之外，悉送還臺。前後刺史皆營私蓄，方物之貢，少登天府。自勱在州，歲中數獻，軍國所須，相繼不絕。武帝歎曰：「朝廷便是更有廣州。」有詔以本號還朝，而西江俚帥陳文徹出寇高要，又詔勱重申蕃任。未幾，文徹降附。勱以南江危險，宜立重鎮，乃表臺於高涼郡立州。敕仍以為高州，以西江督護孫固為刺史。[19]

《梁書》卷 33〈王僧孺傳〉則載：

19 李延壽：《南史》，頁 1262–1263。

> 王僧孺，字僧孺，東海郯人。……天監（502–519）初，除臨川王（蕭宏，473–526）後軍記室參軍，待詔文德省。尋出為南海太守。郡常有高涼生口及海舶每歲數至，外國賈人以通貨易。舊時州郡以半價就市，又買而即賣，其利數倍，歷政以為常。僧孺乃歎曰：「昔人為蜀部長史，終身無蜀物，吾欲遺子孫者，不在越裝。」並無所取。視事期月，有詔徵還，郡民道俗六百人詣闕請留，不許。[20]

《陳書》卷17〈王勱傳〉亦稱：

> 大同（535–546）末，……時河東王（蕭譽，519–550）為廣州刺史，乃以勱為冠軍河東王長史、南海太守。王至嶺南，多所侵掠，因懼罪稱疾，委州還朝，勱行廣州府事。越中饒沃，前後守宰例多貪縱，勱獨以清白著聞。入為給事黃門侍郎。[21]

從上列諸傳記，可得見梁代之廣州，由於貿易興盛，故州郡官員貪污，習以為常。刺史們甚且有侵奪外國商舶之寶貨，使外舶至廣州之數目日減，一年不過三數艘而已。由是廣州之商業貿易發展，乃受到嚴重打擊，使其開發備受障礙。至

---

20 姚思廉：《梁書》，頁469–470。
21 姚思廉：《陳書》，頁238。

於廣州官員們的貪污方法，據〈王僧孺傳〉所見，則為利用他們的政治勢力，以半價向外國商人購買貨物，又立即在本地賣出，利錢竟可達數倍之多。南梁政權先後以蕭勱、王僧孺、王勱等人出鎮南土，所至有聲，勤政愛民，不單樹立了廉潔的風範，亦使廣州對外貿易大為增加，外國商舶每年至者，亦增至十餘艘，遂使廣州日趨繁榮，開發亦見加速。

此外，六朝期間，廣州之刺史多把賦稅寶貨，據為己有，而不納貢於朝廷。自蕭勱到任後，除應付州中所需外，每年皆納貢數次，使朝廷得到大批額外錢財。當時梁武帝既要應付與北魏的戰爭，又崇奉釋教，大興佛寺。這都耗去大批金錢，使國家為了財用而要多方開源。恰好，蕭勱及時送來大批錢財，無怪梁武帝要喜極而歎「朝廷便是更有廣州」。這亦間接反映了廣州在六朝後期開發之盛及地位之日重。

及至陳朝，於廣州刺史任內有賢名者，有沈君高（532–578）。《陳書》卷 23〈沈君理傳〉載：

> 君理（沈君理，525–573）第六弟君高，字季高，少知名，性剛直，有吏能。……太建元年（569），東境大水，百姓飢弊，乃以君高為貞威將軍、吳令。尋除太子中庶子、尚書吏部郎、衛尉卿。出為宣遠將軍、平南長沙王長史、南海太守，行廣州事。以女為王妃，固辭不行，復為衛尉卿。八年（太建八年〔576〕），詔授持節、都督廣等十八州諸軍事、寧遠將軍、平越中郎將、廣州刺史。嶺

> 南俚、獠世相攻伐，君高本文吏，無武幹，推心撫御，甚得民和。[22]

這已充分反映廣州民心向背絕不容朝廷忽視。

四、總論六朝時期朝廷與廣州吏治的關係

六朝期間，由於篡弒相尋，故政局相當不穩；加以廣州偏處南鄙，與荊、揚二州政治重心，實是關山阻隔，朝廷亦有鞭長莫及之感。有意者欲割據一方以稱霸，亦非難事。況且廣州擁有海外貿易的厚利，有雄厚的經濟背景為基礎，故割據廣州，靜觀世局變化，再而北上，逐鹿中原，實不失為可行之策。故於六朝期間，江南朝廷對廣州刺史的要求，首要者並非廉潔賢明，而是效忠歸順，對朝廷命令，唯命是從。從南梁朝廷與廣州刺史蕭勃間的明爭暗鬥，即便可見。陳朝廣州刺史馬靖之見殺，更明顯可見江南朝廷在廣州所奉行之政策。《陳書》卷 14〈南康愍王曇朗傳〉稱：

> 初，廣州刺史馬靖久居嶺表，大得人心，士馬彊盛，朝廷疑之。至是以方慶（南康愍王陳曇朗子陳方慶）為仁

22 姚思廉：《陳書》，頁 300–301。

> 威將軍、廣州刺史，以兵襲靖。靖誅，進號宣毅將軍。方慶性清謹，甚得民和。[23]

宋朝釋贊寧（919–1001）撰《宋高僧傳》卷18〈隋江都宮法喜傳〉載：

> 陳朝馬靜（即「馬靖」）為廣州刺史，方上任，喜（法喜）直入州上廳事，畫地作馬頭形，以示其子而去。靜本扶風名族，雄勇多武略，不閑事體。及臨州也，每出行部，從甲士數萬，旌旗劍戟，若虹霓映乎霜雪，言以此可用威徼邊。其奢僭過度，王者之不若。被人誣告謀反。靜懼，即遣妻子百餘人入朝，示無圖變。陳主猶惑，遣臨汝侯覲其形勢曰：「必有反狀，便可行戮。實無逆謀，直往代之。」臨汝利其財產，至州不驗是非。靜恃心無異，束手詣臨汝，便叱左右擒而斬之。[24]

於此，可見馬靖因熟悉嶺表情況，深得民望，兼且軍容鼎盛，致反遭朝廷所疑，終遭殺身之禍。反之，貪污利瀆，則可發家致富，如遭人告發，或因搜刮過度，為朝廷所不容，

---

23 同上書，頁213。

24 釋贊寧：《宋高僧傳》，收入《大正新修大藏經》，第50冊（東京：大正一切經刊行會，1928），頁821中。

則亦不過資財被充公而已。

總括而言，六朝時期廣州之吏治問題，乃充滿著各種矛盾之現象：

（一）中原一般勳戚貴胄，皆不喜投身至遠離朝廷、充滿山林瘴氣、與流犯為伍的廣州任官。但因六朝以來，商業發達的關係，廣州又成為希望發家致富者的終南捷徑，為貪官污吏的溫床，於是，不少心懷異心之士，又被吸引至此，以博取財富。

（二）六朝期間，廣州的吏治，可說敗壞不堪，但卻出現一可喜現象，即每一政權，總有守身自愛、廉潔奉公的良吏，樹立良好的政風，勤政愛民，融和各族，推動貿易，加速了廣州的開發。

（三）江南朝廷雖以廣州孤懸南鄙，鞭長莫及，在一定程度上准許地方官員便宜行事。但同時卻又設法加強控制，而絕不容許裂土分疆的情形出現。

各種錯綜複雜的環境，使六朝期間的廣州在中央控制力日漸增強下，吏治也尚算漸見清明。這加上南來者日眾，遂得以步上日益開發之途。

六朝期間廣州歷任刺史簡表[25]

朝代	姓名	任職時間		備注
		委任	離任	
吳	呂岱	黃武五年（226）	?	呂岱任廣州刺史實未及一年，及交州士家勢力覆滅，吳又除廣州，復交州。
吳	徐旗	?	天紀三年（279）	為郭馬所逐。
吳	閭豐	天紀四年（280）	天紀四年（280）	隨滕修降於晉。
晉	滕修	太康元年（280）	太康九年（288）	晉平吳，廣州歸晉。滕修卒。
晉	王毅	太安二年（305）	光熙元年（306）	王毅卒於任內，子王矩代領，未幾卒。
晉	郭訥	永嘉三年（309）	永嘉六年（312）	為王機所逐。
晉	王機	建興元年（313）	建興三年（315）	王機謀割據一方，為陶侃所平。
晉	陶侃	建興三年（315）	太寧三年（325）	在州頗有政聲，為著名良吏。
晉	劉顗	太寧三年（325）	咸和二年（327）	/
晉	鄧嶽	咸和五年（330）	建元二年（344）	劉顗離任後，繼任刺史阮孚未到任而卒，乃改以鄧嶽繼其位。

25 本表資料採自戴肇辰撰《廣州府志》，配合二十五史刊行委員會編《二十五史補編》（上海：開明書店，1937）錄入的萬斯同（1638–1702）撰《晉方鎮年表》、《宋方鎮年表》、《齊方鎮年表》與秦錫圭撰《補晉方鎮表》諸書而成。

朝代	姓名	任職時間		備注
		委任	離任	
晉	鄧逸	建元二年（344）	永和二年（346）	鄧嶽卒後，以其弟鄧逸繼任。
晉	滕含	升平二年（358）	升平五年（361）	/
晉	謝奉	升平五年（361）	隆和元年（362）	/
晉	庾蘊	太和三年（368）	咸和元年（371）	庾蘊自殺。
晉	羅友	太元九年（384）	太元十年（385）	/
晉	孔汪	太元十三年（388）	太元十七年（392）	/
晉	桓玄	隆安二年（398）		桓玄未赴任，反。
晉	刁逵	隆安三年（399）	隆安五年（401）	/
晉	吳隱之	元興元年（402）	天興三年（404）	著名廉吏。盧循破城時，被俘，尋釋回。
晉	盧循	義熙元年（405）	義熙六年（410）	盧循陷廣州後，受晉廷冊封，為刺史。
晉	褚裕之	義熙七年（411）	義熙八年（412）	/
晉	王鎮之	義熙九年（413）	義熙十一年（415）	著名廉吏。
晉	謝欣	義熙十二年（416）	義熙十三年（417）	/
晉	劉謙之	義熙十三年（417）	元熙元年（419）	平徐道期之亂。
晉	張裕	元熙元年（419）	元熙二年（420）	/
宋	張裕	永初元年（420）	景平元年（423）	/

朝代	姓名	任職時間		備注
		委任	離任	
宋	劉湛	元嘉元年（424）	元嘉二年（425）	/
宋	江恒	元嘉二年（425）	元嘉四年（427）	/
宋	徐豁	元嘉五年（428）		未上任，卒。
宋	程道惠	元嘉五年（428）	元嘉六年（429）	/
宋	孔默之	元嘉六年（429）	元嘉十年（433）	以貪墨罪革職。
宋	韋朗	元嘉十年（433）	元嘉十四年（437）	/
宋	陸徽	元嘉十四年（437）	元嘉二十一年（444）	著名良吏。
宋	陶愍祖	元嘉二十一年（444）	元嘉二十二年（445）	/
宋	劉道錫	元嘉二十二年（445）	元嘉二十七年（450）	/
宋	隨郡王劉誕	元嘉二十八年（451）		未到任。
宋	廬江王劉禕	元嘉二十八年（451）	元嘉三十年（453）	蕭簡作亂，迅即被平定。
宋	宗慤	元嘉三十年（453）	孝建二年（455）	/
宋	王翼之	孝建三年（456）	孝建三年（456）	/
宋	王琨	孝建三年（456）	大明元年（457）	/
宋	費淹	大明二年（458）	大明四年（460）	/
宋	臨海王劉子頊	大明四年（460）	大明六年（462）	/
宋	王翼之	大明六年（462）	大明七年（463）	/

朝代	姓名	任職時間		備注
		委任	離任	
宋	袁曇遠	大明七年（463）	大明八年（464）	欲作亂，旋被殺。
宋	費混	泰始元年（465）	泰始二年（466）	／
宋	劉勔	泰始二年（466）十月	泰始二年（466）十二月	／
宋	羊希	泰始二年（466）	泰始四年（468）	任內被殺。
宋	張辯	泰始四年（468）	泰始五年（469）	／
宋	建安王劉伯融	泰始五年（469）	泰始七年（471）	／
宋	孫超之	泰始七年（471）	元徽元年（473）	／
宋	何恢	元徽元年（473）	元徽三年（475）	／
宋	陳顯達	元徽三年（475）	昇明元年（477）	／
宋	沈景德	昇明元年（477）	昇明二年（478）	／
齊	劉悛	建元元年（479）	建元三年（481）	／
齊	沈景德	建元三年（481）	永明元年（483）	／
齊	趙景翼	永明二年（484）	永明四年（486）	／
齊	蕭惠休	永明四年（486）	永明九年（491）	／
齊	劉纘	永明九年（491）	建武元年（494）	／
齊	王詡	建武元年（494）	建武三年（496）	／
齊	蕭季敞	建武三年（496）	永元元年（499）	／
齊	范雲	永元元年（499）六月		／
齊	顏翻	永元元年（499）	中興元年（501）	／

朝代	姓名	任職時間		備注
		委任	離任	
齊	胡完進	中興元年（501）二月		/
齊	沈徽孚	中興元年（501）	中興二年（502）	/
齊	鄧元起	中興二年（502）十二月		/
梁	樂藹	天監二年（503）	?	/
梁	蕭昌	天監六年（507）	天監八年（509）	/
梁	柳惲	天監八年（509）	?	/
梁	衡陽嗣王蕭元簡	天監十三年（514）	?	/
梁	蕭昂	天監十六年（517）後	?	平王貞香之亂。
梁	元景隆	普通六年（525）	?	/
梁	元景仲	中大通三年（531）	?	平蕭正則之亂。
梁	蕭勱	不知上任年月		著名良吏。
梁	蕭映	大同八年（542）前後		/
梁	蘭欽	繼蕭映任刺史		為廚人毒殺。
梁	元景仲	太清元年（547）	太清三年（549）	/
梁	蕭勃	大寶元年（550）	太平二年（557）	擁兵作亂，卒為朝廷所平。
陳	歐陽頠	永定三年（559）	天嘉四年（563）	卒於任內。

朝代	姓名	任職時間		備注
		委任	離任	
陳	歐陽紇	太建元年（569）十月		傾子，稱兵反，旋被平。
陳	沈恪	太建元年（569）	太建四年（572）	/
陳	南康王子陳方泰	太建四年（572）	?	為政殘暴，為有司所奏，免官。
陳	長沙王陳叔堅	太建七年（575）	太建八年（576）	/
陳	沈君高	太建八年（576）	?	/
陳	馬靖	太建十二年（580）前後		為朝廷所誅。
陳	陳方慶	至德二年（584）	禎明三年（589）	/

|第六章|

六朝時期廣州少數民族的漢化

一、廣州少數民族的情況

歷來凡言及嶺南的開發，由秦漢以迄唐宋，都必須留意少數民族產生之影響。因為自秦始皇三十三年（前214）開闢嶺南四郡始，少數民族即對中原勢力的南下，深感不安，並予以激烈反抗。但隨著中原政局動盪，漢人南遷者日眾，帶來了高度的文化和生產技術，卻又使嶺南的開發得以加速。清代著名廣東學者屈大均嘗在《廣東新語》卷7〈人語〉的〈真粵人〉條稱：

自秦始皇發諸嘗逋亡人、贅壻、賈人略取揚越，以讁徙民與越雜處。又適治獄吏不直者，築南方越地。又以一軍處番禺之都，一軍戍臺山之塞，而任囂、尉佗所將率樓船士十餘萬，其後皆家於越，生長子孫。故囂謂佗曰：

「頗有中國人相輔。」今粵人大抵皆中國種，自秦漢以來，日滋月盛，不失中州清淑之氣。其真鬋髮文身越人，則今之傜、僮、平鬃、狼、黎、岐、蛋諸族是也。夫以中國之人實方外，變其蠻俗，此始皇之大功也。佗之自王，不以禮樂自治以治其民，仍然椎結箕倨，為蠻中大長，與西甌、駱、越之王為伍，使南越人九十餘年不得被大漢教化，則尉佗之大罪也。蓋越至始皇而一變，至漢武而再變。中國之人，得蒙富教於茲土，以至今日，其可以不知所自乎哉！[1]

魏晉六朝時期，漢族勢力雖已南下廣州多時，但整個地區仍是多民族聚居，彼此間無論在風俗、習慣、經濟、文化上，均是大不相同。這一點，《隋書》卷 31〈地理志．下〉：

自嶺已南二十餘郡，大率土地下濕，皆多瘴厲，人尤夭折。南海、交趾，各一都會也，並所處近海，多犀象瑇瑁珠璣，奇異珍瑋，故商賈至者，多取富焉。其人性並輕悍，易興逆節，椎結踑踞，乃其舊風。其俚人則質直尚信，諸蠻則勇敢自立，皆重賄輕死，唯富為雄。巢居崖處，盡力農事。刻木以為符契，言誓則至死不改。父子別業，父貧，乃有質身於子。諸獠皆然。並鑄銅為大鼓，初

1 屈大均：《廣東新語》，頁 232。

成，懸於庭中，置酒以招同類。來者有豪富子女，則以金銀為大釵，執以叩鼓，竟乃留遺主人，名為銅鼓釵。俗好相殺，多搆讎怨，欲相攻則鳴此鼓，到者如雲。有鼓者號為「都老」，羣情推服。本之舊事，尉陀於漢，自稱「蠻夷大酋長、老夫臣」，故俚人猶呼其所尊為「倒老」也。言訛，故又稱「都老」云。[2]

由此，可推想六朝時期，廣州一帶的少數民族與漢人相比，不少方面都較漢人落後。他們居處山崖，以農耕為活，無紙筆記事，衣服髮飾與漢人絕不相同，卻勇悍嗜殺。在這種對比強烈的情況下，居處廣州的少數民族對於朝廷採取排斥抗拒的態度，對於漢化每顯露消極而不合作的姿態。這都為秦漢以迄魏晉南北間廣州之開發，帶來了莫大的困難。

二、六朝時期廣州漢族與少數民族的關係

孫吳政權建置廣州以前，廣州一帶雖已在秦漢時期納入中國版圖，但因天氣炎熱，叢林遍野，因此仍被中原人士目為蠻荒之地。及漢末大亂，州牧割據，三國鼎立；立國於

2　魏徵（580–643）、令狐德棻（583–666）：《隋書》（北京：中華書局，1973），頁 887–888。

江東的孫吳政權，由於要面對曹魏和蜀漢二大強敵，被迫將注意力放在長江流域的荊、揚二州，先求建立鞏固安定的基地。至於嶺南一帶，則只求作一定程度之維繫，而未能作出有系統和有計劃的開發。

及晉朝平吳以後，全國又復統一，但由於吳土新附，民心未服，故此，司馬氏政權只能將其注意力集中於三吳地區，而對南疆的交廣，則因鞭長莫及而只求其內附。

豈料晉室諸帝昏庸，大權旁落於宗室貴族手上，而他們又互相爭權仇殺，遂使久已降服、居於內地的胡族，於羽毛已豐的情況下，乘時而起，從而引發了五胡亂華之局，黃河流域迅即陷入胡羯手中，成為民族仇殺的屠場。於是，為了保存民族氣節，不在異族的鞭撻中委曲求存；同時，又為了遠離水深火熱的動亂區域，原居於中原一帶的漢人，便紛紛南遷，蓬轉於長江兩岸。當時中原地區百姓，輾轉流徙者，不可勝紀。東晉初期著名人物祖逖（266–321）即為一例。《晉書》卷 62〈祖逖傳〉載：

> 及京師大亂，逖率親黨數百家避地淮泗，以所乘車馬載同行老疾，躬自徒步，藥物衣糧與眾共之，又多權略，是以少長咸宗之，推逖為行主。達泗口，元帝逆用為徐州刺史，尋徵軍諮祭酒，居丹徒之京口。[3]

---

3 房玄齡等：《晉書》，頁 1694。

在這種背景下，廣州的人口便大為增加。《晉書》卷 15〈地理志．下〉稱：

> 廣州⋯⋯合統郡十，縣六十八，戶四萬三千一百二十。[4]

《宋書》卷 38〈州郡志．四〉亦稱：

> 廣州刺史，⋯⋯領郡十七，縣一百三十六，戶四萬九千七百二十六，口二十萬六千六百九十四。[5]

這可見廣州於晉宋之時，戶口增加凡六千六百戶。

由於移居廣州的漢人逐漸增加，漢族與少數民族間的交往，也日見頻密。但所可惜者，由於彼此間的風俗、文化、生活習慣絕不相同，再加上言語隔膜，易生誤解，故此，在晉宋齊梁之際，我們見諸於正史的，不少為少數民族聚眾反亂的事實。《南史》卷 78〈夷貊傳．上〉載：

> 廣州諸山並狸獠，種類繁熾，前後屢為侵暴，歷世患之。宋孝武大明（457–464）中，合浦大帥陳檀歸順，拜龍驤將軍。檀乞官軍征討未附，乃以檀為高興太守，遣

4　同上書，頁 466。
5　沈約：《宋書》，頁 1189。

前朱提太守費沈、龍驤將軍武期南伐，并通朱崖道，並無功，輒殺檀而反，沈下獄死。[6]

《梁書》卷 32〈蘭欽傳〉則稱：

……又假欽（蘭欽）節，都督衡州三郡兵，討桂陽、陽山、始興叛蠻，至即平破之。封安懷縣男，邑五百戶。又破天漆蠻帥晚時得。會衡州刺史元慶和為桂陽人嚴容所圍，遣使告急，欽往應援，破容羅溪，於是長樂諸洞一時平蕩。……經廣州，因破俚帥陳文徹兄弟，並擒之。[7]

《南史》卷 51〈梁宗室傳·上〉亦稱：

廣州邊海，……俚人不賓，多為海暴，勱（蕭勱）征討所獲生口寶物，軍賞之外，悉送還臺。……而西江俚帥陳文徹出寇高要，又詔勱重申蕃任。未幾，文徹降附。勱以南江危險，宜立重鎮，乃表臺於高涼郡立州。敕仍以為高州，以西江督護孫固為刺史。[8]

6　李延壽：《南史》，頁 1951。
7　姚思廉：《梁書》，頁 466–467。
8　李延壽：《南史》，頁 1262–1263。

從這些正史的記載中，可見六朝期間，廣州的少數民族並不願接受漢人的管治，而且叛服不常，構成了朝廷在廣州施政的一定威脅。為了壓服這些反亂，朝廷便要經常派兵討伐，以軍事實力迫使少數民族屈服。可以推想，這些戰爭，實在嚴重地影響著廣州的開發，成為漢人與土著和衷共濟、共同建設嶺南的障礙。

漢人與土著的對立與衝突，雙方都難辭其咎。首先，土著與漢人接觸不多，別地而居，自成一隅，故在朝廷眼中，是一種存在的威脅。孫吳時期丹陽太守萬震編撰的《南州異物志》稱：

> 廣州南有賊，曰俚。此賊在廣州之南，蒼梧、鬱林、合浦、寧浦、高涼五郡中央，地方數千里。往往別村各有長帥，無君主，恃在山險，不用城。[9]

《南齊書》卷14〈州郡志・上〉則載：

> 廣州，鎮南海。濱際海隅，委輸交部，雖民戶不多，而俚獠猥雜，皆樓居山險，不肯賓服。西南二江，川源深

9　李昉（925–996）等：《太平御覽》（北京：中華書局，1963年據上海涵芬樓影宋本重印），卷785，〈四夷部・六・南蠻・一・俚〉，頁8上，總頁3478。

遠，別置督護，專征討之。[10]

這些記載，可見廣州的少數民族居於山崖險處，不居平地，自置酋長以統治，不建城郭，不易屈服。

可以推想，這些少數民族既自視為廣州土著，對當地的一草一木，自有強烈的歸屬感，但自六朝以來，眼見漢人紛紛南下，盡據廣州之良田美地，自不免視他們為侵略者，甚且移居深山，自建新寨，不肯接受漢化，寧願保持落後的一面。

至於漢人方面，自中原因禍亂相尋，而使大批漢族南移交廣後，勢力便逐漸擴散，與少數民族的接觸，亦日見增加。面對著這些性格剛毅強悍、不易屈服的少數民族，漢人本應以較高水準的知識和生產技術，去教化撫育他們；同時，亦以平等相處的感情，以求衷誠合作。可惜不少土豪滑吏，為了短暫的眼前利益，以不平等的待遇，加諸少數民族身上，橫徵暴斂，玩弄欺騙，迫得他們揭竿而起，構成各種禍亂。

關於廣州一帶的少數民族所受不平等待遇的問題，一般正史，基於夷夏之防的關係，大多是略而不談；而一般地方志書，亦靡有詳載。但我們仍可從一般記載中得見一二。《宋書》卷 92〈徐豁傳〉便載有徐豁為廣州地方始興太守時，為著俚人的遭受盤剝，上書朝廷一事，稱：

---

10 蕭子顯：《南齊書》，頁 262。

> 元嘉初，（徐豁）為始興太守。三年（元嘉三年〔426〕），遣大使巡行四方，并使郡縣各言損益。豁因此表陳三事。……其三曰：「中宿縣俚民課銀，一子丁輸南稱半兩。尋此縣自不出銀，又俚民皆巢居鳥語，不閑貨易之宜，每至買銀，為損已甚。又稱兩受入，易生姦巧，山俚愚怯，不辨自申，官所課甚輕，民以所輸為劇。今若聽計丁課米，公私兼利。」[11]

正是這樣的盤剝壓榨，迫使俚僚等少數民族無以為活，再加上語言風俗不同，易生誤會，結果，往往促成了少數民族反抗漢人的統治。但值得留意的是：這些反亂，只是局部性。正史記載中並未見這些少數民族建國號，稱帝王，以示與朝廷絕然決裂，而是採被動形式的抗拒。這在雄厚的朝廷壓力下，失敗也成必然。但這些動亂，雖然隨起隨滅，卻也嚴重地影響著漢族與土著的關係，障礙了廣州的開發。

三、冼夫人與廣州的各族融和

廣州地區，至六朝後期，漢人南遷日眾，帶來了高度生產技術和經濟文化，而經過長時期的互相排斥後，無論漢族和

---

11 沈約：《宋書》，頁 2266。

少數民族，都感到要使廣州繁榮安定，必先彼此和洽，同心同德，方可有成。著名歷史學者范文瀾（1893–1969）嘗稱：

> 每經一次大亂，總有一部分漢族向落後地區遷移，他們帶來漢族的經濟和文化，在落後地區起著進步的作用，影響當地的非漢人。[12]

六朝末期，廣州高涼郡俚族出了一位深明大義、有雄偉魄力的女酋長冼夫人（冼珍，522–602），在她領導之下，使廣州地區的少數民族歸順朝廷，加速漢化。據近代著名女學者冼玉清（1895–1965）的考證，冼夫人應姓「冼氏」而非「洗氏」，其見解為：

> 冼姓是越族舊姓，是廣東土著特有之姓。正如蔡升元（1652–1722）所謂「因其方言，以為姓氏」，原是越族之姓，外省罕有此姓。如果有，大約是從廣東分支去的。土著民族應有特殊讀音與特殊意義，其特殊讀音就是讀「銑」，上聲。其特殊意義就是此字只作姓氏用，除此並無其他用處。有些人把姓氏略改點畫，務得受姓之始，以附

---

12 范文瀾：《中國通史簡編》，修訂本第 2 編（北京：人民出版社，1965），頁 389。

> 會中原大族，此舉殊為無謂。[13]

故此，本書為防混淆不清，凡引正文，則據《隋書》書「洗氏」，捨此以外，則稱「冼氏」，乃因冼氏之說，多為學者所接納。

根據史家研究的結果，冼氏源出嶺南，高涼冼氏始祖名勁，生於東晉時。[14]《廣州府志》卷 112〈冼勁傳〉載：

> 冼勁，南海人。家本武帥，世為部曲。至勁讀書尚節操，為廣州中兵參軍。安帝元興三年（404）冬，十月，盧循寇廣州，勁帥兵五百人出戰，城陷被執，循欲釋而用之，勁叱曰：「賊奴乃欲陵國士耶？」遂遇害。刺史吳隱之上其事，安帝義熙（405–419）中，追贈始興太守曲江縣侯。謚忠義。[15]

由是可見冼家於嶺南一帶，頗有權勢地位，毋怪乎日後冼夫人能撫順漢蠻，威震南服。至於冼夫人之出身，《隋書》卷 80〈列女傳〉載：

---

13 冼玉清：《廣東文獻叢談》（香港：中華書局，1965），頁 62，〈冼夫人非姓洗〉條。

14 參看林天蔚（1924–2005）：〈隋譙國夫人事蹟質疑及其嚮化與影響〉，《中央研究院歷史語言研究所集刊》，第 43 本，第 2 分（1971 年 12 月），頁 222。

15 戴肇辰主編：《廣州府志》，卷 112，頁 11 上。

> 譙國夫人者，高涼冼氏之女也。世為南越首領，跨據山洞，部落十餘萬家。夫人幼賢明，多籌略，在父母家，撫循部眾，能行軍用師，壓服諸越。每勸親族為善，由是信義結於本鄉。越人之俗，好相攻擊，夫人兄南梁州刺史挺，恃其富強，侵掠傍郡，嶺表苦之。夫人多所規諫，由是怨隙止息，海南、儋耳歸附者千餘洞。[16]

於此可見，冼夫人年幼時已為女中豪傑，深明軍略，威服各族。夫人又能阻兄暴行，遂使廣州得以粗安。當時僅高涼郡已有部落十餘萬家，這亦間接反映了廣州在六朝期間人口增加之速。

由於冼夫人的能幹，遂被羅州刺史馮融為子馮寶（507–557）娉以為妻，而這段馮冼聯婚，卻使廣州的開發，翻開了新的一頁。《隋書》卷 80〈列女傳〉稱：

> 梁大同（535–546）初，羅州刺史馮融聞夫人（冼夫人）有志行，為其子高涼太守寶娉以為妻。融本北燕苗裔。初，馮弘（北燕昭成帝，? –438，430–436 在位）之投高麗也，遣融大父業（馮業）以三百人浮海歸宋，因留于新會。自業及融，三世為守牧，他鄉羈旅，號令不行。至是，夫人誡約本宗，使從民禮。每共寶參決辭

---

16 魏徵、令狐德棻：《隋書》，頁 1800–1801。

> 訟，首領有犯法者，雖是親族，無所舍縱。自此政令有序，人莫敢違。[17]

由此可見馮氏等南來大族，於廣州任官，因遠離朝廷，致號令不行，而自馮寶娶得冼氏後，因冼氏之威名，能使政令有序，人皆樂從。是故，馮冼聯婚，實具有政治上之意義。因為這代表了南來大族與廣州土著的結合。當這兩股政治勢力聯合起來後，由冼氏於梁大同初嫁與馮寶，至隋仁壽（601–604）間才去世，廣州得以在冼夫人的保境安民、各族融和政策下，出現了百姓安定、物阜民豐的現象。

在梁陳的朝代交替中，由於冼夫人保境安民的政策成功，乃使廣州不致產生混亂。《隋書》卷 80〈列女傳〉復載：

> 遇侯景反，廣州都督蕭勃徵兵援臺。高州刺史李遷仕（？–551）據大皐口，遣召寶。寶欲往，夫人止之曰：「刺史無故不合召太守，必欲詐君共為反耳。」寶曰：「何以知之？」夫人曰：「刺史被召援臺，乃稱有疾，鑄兵聚眾，而後喚君。今者若往，必留質，追君兵眾。此意可見，願且無行，以觀其勢。」數日，遷仕果反，遣主帥杜平虜率兵入灨石。寶知之，遽告，夫人曰：「平虜，驍將也，領兵入灨石，即與官兵相拒，勢未得還。遷仕在州，無能為

17 同上書，頁 1801。

> 也。若君自往，必有戰鬥。宜遣使詐之，卑辭厚禮，云身未敢出，欲遣婦往參。彼聞之喜，必無防慮。於是我將千餘人，步擔雜物，唱言輸賧，得至柵下，賊必可圖。」寶從之，遷仕果大喜，覘夫人眾皆擔物，不設備。夫人擊之，大捷。遷仕遂走，保于寧都。夫人總兵與長城侯陳霸先會于灨石。還謂寶曰：「陳都督大可畏，極得眾心。我觀此人必能平賊，君宜厚資之。」[18]

於此得見冼夫人雖為少數民族，但見識高超，實遠出南來大族馮寶之上。夫人得知侯景必敗，蕭勃必亂，乃能勸夫保境安民，不附叛逆。而最令人驚歎者，則為夫人慧眼識英雄，知陳霸先必有所成，而能勸夫馮寶厚助之。果然，陳霸先由始興北上勤王，夫人與馮寶則合敗李遷仕，使陳霸先無後顧之憂，而得以平定侯景之亂，從而再受梁禪而成為陳朝開國之君。

至於廣州在梁、陳交替中，不受大亂侵擾，冼夫人亦有其力焉。惜於此時，馮寶去世，廣州刺史歐陽紇乘機作亂，形勢乃又生變化。《隋書》卷 80〈列女傳〉稱：

> 及寶（馮寶）卒，嶺表大亂，夫人懷集百越，數州晏然。至陳永定二年（558），其子僕（馮僕，550–584）年

---

18 同上注。

> 九歲，遣帥諸首領朝于丹陽，起家拜陽春郡守。後廣州刺史歐陽紇謀反，召僕至高安，誘與為亂。僕遣使歸告夫人，夫人曰：「我為忠貞，經今兩代，不能惜汝輒負國家。」遂發兵拒境，帥百越酋長迎章昭達。內外逼之，紇徒潰散。僕以夫人之功，封信都侯，加平越中郎將，轉石龍太守。詔使持節冊夫人為中郎將、石龍太夫人，賚繡幰油絡駟馬安車一乘，給鼓吹一部，並麾幢旌節，其鹵簿一如刺史之儀。至德（583–586）中，僕卒。後遇陳國亡，嶺南未有所附，數郡共奉夫人，號為聖母，保境安民。[19]

自冼夫人與陳霸先合作後，雖然馮寶去世，但對朝廷仍矢志忠貞，乃有平定歐陽紇之亂，使廣州一地，內附朝廷，人心向慕，不聞再有俚越反亂之事。陳朝對冼夫人亦賞賜甚厚，試觀以一女子而獲封中郎將之武職，這在中國歷史上是頗為罕見的。

及隋滅陳，局勢又起新變化，廣州亦因政局變動而一度陷於混亂，幸賴冼夫人調處有方，廣州乃得免遭兵禍。《隋書》卷 80〈列女傳〉復稱：

> 高祖遣總管韋洸安撫嶺外，陳將徐璒以南康拒守。洸至嶺下，逡巡不敢進。初，夫人以扶南犀杖獻于陳主，至

19 同上書，頁 1802。

> 此，晉王廣（隋煬帝楊廣）遣陳主遺夫人書，諭以國亡，令其歸化，並以犀杖及兵符為信。夫人見杖，驗知陳亡，集首領數千，盡日慟哭。遣其孫魂帥眾迎洗，入至廣州，嶺南悉定。表魂為儀同三司，冊夫人為宋康郡夫人。[20]

冼夫人以一洞溪蠻女，嫁與馮寶後，由陳至隋，其間五十年，帶領廣州地方少數民族，向化中原，奉行朝廷正朔，內平反亂，外附朝廷，使廣州於六朝後期，不再發生少數民族作亂，各家族能共同安居，衷誠合作，影響所及，使廣州之開發，得以順利展開。冼夫人對廣州開發之功，可謂居功至偉。范文瀾於《中國通史簡編》稱：

> 冼夫人成為陳朝在嶺南的重要支柱。馮氏數百人終於影響冼氏十餘萬家。以此為例，漢族士人避難到閩江流域和珠江流域，在當地總要發生大小不等的影響。[21]

因此，我們亦可說馮冼聯婚而至廣州內屬，反映了朝廷在廣州推行漢化的成功。

總括而言，自五胡亂華後，漢人和各少數民族同處廣州。雖然，初期各民族因著各自的利益和彼此間的隔膜，產

---

20 同上注。

21 范文瀾：《中國通史簡編》，頁 389。

生互不相讓、各為求取生存空間而互爭的悲劇。但隨著為時越久，各民族間之瞭解日漸加深。於是，彼此衷誠合作，取長補短，和衷共濟，乃由互爭而共同安居，進而彼此通婚。其中，最具代表性的乃為馮寶和高涼冼夫人的政治性聯婚，使朝廷官員與少數民族領導者互相聯合，以保境安民，維護彼此間的利益為出發點，從而使廣州歸順朝廷，局勢日趨穩定，而開發的步伐，得以加速。

| 第七章 |

六朝時期廣州海外交通和貿易的發展

一、六朝以前廣州的對外交通

六朝以前，中國對東南亞一帶的航海事業，已有一定之發展。我們從中外交通史家經常引用和注釋的一段《漢書》記述，便可看到當時中外航運發達的盛況。《漢書》卷 28 下〈地理志 · 下〉載：

> 粵地，……今之蒼梧、鬱林、合浦、交阯、九真、南海、日南，皆粵分也。……處近海，多犀、象、毒冒、珠璣、銀、銅、果、布之湊，中國往商賈者多取富焉。番禺，其一都會也。自合浦、徐聞南入海，得大州，東西南北方千里，武帝（漢武帝）元封元年（前 110）略以為儋耳、珠崖郡。……自初為郡縣，吏卒中國人多侵陵之，故率數歲壹反。元帝（漢元帝劉奭，前 75–前 33，前 48–前

> 33在位）時，遂罷棄之。自日南障塞、徐聞、合浦船行可五月，有都元國；又船行可四月，有邑盧沒國；又船行可二十餘日，有諶離國；步行可十餘日，有夫甘都盧國。自夫甘都盧國船行可二月餘，有黃支國，民俗略與珠崖相類。其州廣大，戶口多，多異物，自武帝以來皆獻見。有譯長，屬黃門，與應募者俱入海市明珠、壁流離、奇石異物，齎黃金雜繒而往。所至國皆稟食為耦，蠻夷賈船，轉送致之。亦利交易，剽殺人。又苦逢風波溺死，不者數年來還。大珠至圍二寸以下。平帝（漢平帝劉衎，前9–6，前1–6在位）元始（1–5）中，王莽（前45–23）輔政，欲燿威德，厚遺黃支王，令遣使獻生犀牛。自黃支船行可八月，到皮宗；船行可八月，到日南、象林界云。黃支之南，有已程不國，漢之譯使自此還矣。[1]

由於這段史料是記載漢代中國對南亞海上交通的第一手資料，所以中外史家對上列引文每有詳細的考證，如日本人藤田豐八（1869–1929）的〈前漢時代西南海上交通之紀錄〉、[2]法國人費瑯（Gabriel Ferrand, 1864–1935）的《崑崙及南海古

1 班固：《漢書》，頁1669–1671。
2 藤田豐八撰，何健民譯：《中國南海古代交通叢考》（上海：商務印書館，1936），頁83–117。原書名《東西交涉史之研究．南海篇》。

代航行考》、[3] 英國人保羅．惠特利（Paul Wheatley, 1921–1999）的 *The Golden Khersonese: Studies in the Historical Geography of the Malay Penninsula Before A.D. 1500*、[4] 中國人馮承鈞（1887–1946）的《中國南洋交通史》、[5] 張星烺（1888–1951）的《中西交通史料匯編》、[6] 方豪（1910–1980）的《中國交通史》。[7]

一般來說，根據各史家的考證，對「黃支國」各有不同的看法，如惠特利便認為在印度洋一帶，[8] 而方豪、費瑯及藤田豐八則認為黃支乃是印度達羅毗荼國（Dravida）的都城建志補羅（Kanchipura 或稱 Conjeveram），[9] 如以今日方位計算，即為今日印度南部的大城市馬德拉斯（Madras）附近。至於黃支之南的已程不國，各史家之見解亦頗有不同，如方豪便認為該地乃今日之阿比西尼亞國（或稱埃塞俄比亞），[10] 郭沫若

---

3 費瑯撰，馮承鈞譯：《崑崙及南海古代航行考》（上海：商務印書館，1933）。原文為：Gabriel Ferrand, "Ancient Voyages to Condor Island and the China Sea," *Journal Asiatique*, vol. 14 (1919)。

4 Paul Wheatley, "The Portage of The South Seas," in Paul Wheatley, *The Golden Khersonese: Studies in the Historical Geography of the Malay Penninsula Before A.D. 1500* (Kuala Lumpur: University of Malaya Press, 1961), pp. 8–13.

5 馮承鈞：《中國南洋交通史》（上海：商務印書館，1936），〈漢代與南海之交通〉，頁 1–10。

6 張星烺編撰：《中西交通史料匯編》（北平：輔仁大學圖書館，1930）。

7 方豪：《中西交通史》（臺北：華岡出版，1977）。全書五冊，頁碼每冊獨立編訂。

8 Wheatley, "The Portage of The South Seas," p. 10.

9 方豪：《中西交通史》，第 1 冊，頁 155；費瑯：《崑崙及南海古代航行考》，頁 111–112；藤田豐八：《中國南海古代交通叢考》，頁 106–113。

10 方豪：《中西交通史》，第 1 冊，頁 155。

（1892–1978）等則推論為印度南端之錫蘭。[11]

雖然有關漢使所到最遠之處的已程不國，後世未能確定其方位。但就各史家意見大致相同的黃支國方位來看，我們可見在西漢時期，中國的使節已可乘船由中國南部遠航至今日印度南部。從此可見中國在漢代期間的海上交通，實相當發達。

除了歷史文獻記載外，我們更可從考古發現中，得知中國在秦漢期間海上事業的發達情況。二十世紀五、六十年代廣州市出土的墓葬陪葬品中，便發現了一件陶船模型，其結構頗為複雜。中國科學院考古研究所編《新中國的考古收穫》嘗載：

> 廣州東郊沙河區東漢墓中出土的一件陶船，船首兩邊安插槳架三根，船艙橫架梁檐八根，船內分前中後三艙，船上都蓋蓬頂，尾部設望樓，後艙右側附一小間，有門互通。船前有錨，船後有舵。錨舵的裝置，是造船技術進步以後才出現的。有梁檐可使船隻骨幹堅強，加深吃水量，起到行駛平穩的作用。由此可以窺見東漢造船技術的大致情況。[12]

---

11 郭沫若主編：《中國史稿》（北京：人民出版社，1977），第2冊，頁177。

12 中國科學院考古研究所編：《新中國的考古收穫》（北京：文物出版社，1961），頁82。

此外，在1974年底的時候，廣州市地區更發掘了一處秦漢時期造船工場遺址。從發掘報告中，我們可見該造船工場規模頗大，有三個平行排列的造船臺和木料加工場地，可以建造大型的船舶。[13] 這都反映了秦漢時期的番禺（即今日的廣州市）在海上事業發展方面，已有一定的成就。

廣州的海上事業雖然在秦漢時期已有一定的發展，但我們從《漢書 · 地理志》的記載中，卻可看到中國遠洋船舶的啟航處，乃是在當時位處交州的日南和今日雷州半島的徐聞、合浦。至於原稱番禺的廣州，則未見言及有何海上活動，只從記載中得知為商埠，為中原商賈雲集，購買玳瑁、珠璣、象牙、犀角的貿易地。那末，廣州於何時才取代交州的地位，一躍而成南方貿易大港呢？

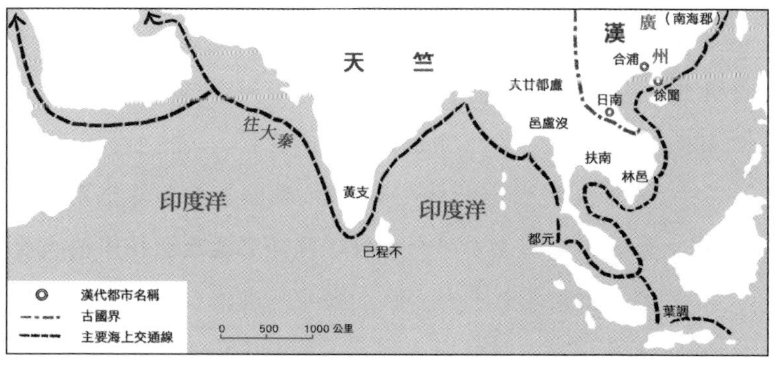

圖一　秦漢時期中國對外海上交通示意圖

13 參看上海交通大學「造船史話」組：〈秦漢時期的船舶〉，《文物》，1977年第4期，頁18–22。

二、交、廣二州航運事業的興替

從《漢書・地理志》所載，我們得見位處中國版圖極南端的交州於兩漢時期已發展成為中國對外的貿易重鎮，同時亦成為中國對外海上交通的樞紐。此外，我們亦可從其他正史中得見交州的重要。《梁書》卷 54〈諸夷傳〉載：

> 海南諸國，大抵在交州南及西南大海洲上，相去近者三五千里，遠者二三萬里，其西與西域諸國接。漢元鼎（前 116–前 111）中，遣伏波將軍路博德開百越，置日南郡。其徼外諸國，自武帝（漢武帝）以來皆朝貢。後漢桓帝（劉志，132–168，146–168 在位）世，大秦、天竺皆由此道遣使貢獻。[14]

《舊唐書》卷 41〈地理志・四〉稱：

> 宋平：漢西捲縣地，屬日南郡。自漢至晉猶為西捲縣。宋置宋平郡及宋平縣。隋平陳，置交州。煬帝改為交趾，刺史治龍編，交州都護制諸蠻。其海南諸國，大抵在交州南及西南，居大海中州上，相去或三五百里，三五千里，遠者二三萬里。乘船舉帆，道里不可詳知。自漢武已

14 姚思廉：《梁書》，頁 783。

來朝貢，必由交趾之道。[15]

最受中外史地學者關注的羅馬君主安敦（Marcus Aurelius Antonius Augustus，馬爾庫斯·奧列里烏斯·安敦寧·奧古斯都，121–180）遣使向漢廷進貢一事，該使者便是經由交州前來。《後漢書》卷88〈西域傳〉載：

至桓帝延熹九年（166），大秦王安敦遣使自日南徼外獻象牙、犀角、瑇瑁，始乃一通焉。其所表貢，並無珍異，疑傳者過焉。[16]

另外，孫吳黃武五年（216）時，大秦商人秦論至中國貿易，亦由海道經交州而入吳地。《梁書》卷54〈諸夷傳〉載：

孫權黃武五年，有大秦賈人字秦論來到交趾，交趾太守吳邈遣送詣權。權問方土謠俗，論具以事對。時諸葛恪討丹陽，獲黝、歙短人，論見之曰：「大秦希見此人。」權以男女各十人，差吏會稽劉咸送論，咸於道物故，論乃徑還本國。漢和帝（劉肇，79–106，88–106在位）時，天竺數遣使貢獻，後西域反叛，遂絕。至桓帝延熹二年

15 劉昫（888–947）等：《舊唐書》（北京：中華書局，1975），頁1750。
16 范曄：《後漢書》，頁2920。

> （159）、四年（161），頻從日南徼外來獻。魏、晉世，絕不復通。[17]

總括上列所述，我們得見交州於兩漢期間已發展為中國對外的最重要海上事業基地，成為中外人士海上貿易的集散地。

但是，凡治中外交通史者，皆可發覺交州之重要性自六朝以來，便日漸低落。至唐宋時期，其海上事業之地位尋且為廣州取代。法國漢學家伯希和（Paul Eugène Pelliot, 1878–1945）便嘗在《交廣印度兩道考》一書就交廣二地海上事業的興替作詳細的研究和考證。他認為交州之日益繁盛，乃因東漢末年黃巾之亂爆發，交州遠較中原安定，故中原人士移往該地避亂者日眾，遂使交州人口增加，貿易擴展而日益繁榮。但是，由於商舶逐漸採取直接航線前往中國；於是，交州的地位便逐漸為廣州所取代。況且廣州為中國的直轄內地，因此，廣州在中央與地方的關係上，遠較交州優勝。因此，基於上述的兩項原因，交州在海上事業和商業貿易的地位，便日漸為廣州取代。[18]

本書謹就交、廣二地的興替，提出數點不大成熟的見解，以補充伯希和的論說。首先，就歷史發展而言，一個地

---

17 姚思廉：《梁書》，頁 798。

18 伯希和撰，馮承鈞譯：《交廣印度兩道考》（上海：商務印書館，1933），頁 2–3。原文為：Paul Eugène Pelliot, "Deux itinéraires de Chine en Inde à la fin du VIIIe siècle," *Bulletin de l'Ecole française d'Extrême-Orient*, vol. 4 (1904)。

區由繁盛而轉趨衰敗，往往跟戰亂分不開。這因為在戰爭中會帶來人口的減少，都市毀棄，工商經濟大受打擊，從而日趨衰落。就交州而言，此地自兩漢以來，對外貿易興盛，成為中國對外的交通經濟重心，但自唐宋以後，卻日走下坡，逐漸為廣州所取代。如果翻查史籍，便會發覺六朝期間，交州一帶恰好遭逢戰亂，而且兵禍連結，延綿不斷，使交州大受摧殘打擊。《梁書》卷 54《諸夷傳〉載：

林邑國者，本漢日南郡象林縣，古越裳之界也。伏波將軍馬援（前 14–49）開漢南境，置此縣。其地縱廣可六百里，城去海百二十里，去日南界四百餘里，北接九德郡。其南界，水步道二百餘里，有西國夷亦稱王，馬援植兩銅柱表漢界處也。……漢末大亂，功曹區達，殺縣令自立為王。傳數世，其後王無嗣，立外甥范熊。熊死，子逸（范逸，? –336）嗣。晉成帝咸康三年（337），逸死，奴文（范文，? –349）篡立。文本日南西捲縣夷帥范稚家奴，常牧牛於山澗，得鱧魚二頭，化而為鐵，因以鑄刀。鑄成，文向石而咒曰：「若斫石破者，文當王此國。」因舉刀斫石，如斷芻藁，文心獨異之。范稚常使之商賈至林邑，因教林邑王作宮室及兵車器械，王寵任之。後乃讒王諸子，各奔餘國。及王死無嗣，文偽於鄰國迓王子，置毒於漿中而殺之，遂脅國人自立。舉兵攻旁小國，皆吞滅之，有眾四五萬人。時交州刺史姜莊使所親韓戢、謝稚，前後監日南郡，並貪殘，諸國患之。穆帝（晉穆帝司馬聃，343–361，344–361 在位）永和三年（347），臺遣夏侯覽為太守，侵刻尤甚。林邑先無田土，貪日南地肥沃，常欲略有之，至是，因民之怨，遂舉兵襲日南，殺覽，以其屍祭天。留日南三年，乃還林邑。交州刺史朱藩後遣督護劉雄戍日南，文復屠滅之。進寇九德郡，殘害吏民。遣使告藩，願以日南北境橫山為界，藩不許，又遣督護陶緩、李衢討之。文歸林邑，尋復屯日南。五年（永和五年〔349〕），文死，子佛（范佛）立，猶屯日南。征西將軍桓溫遣督護滕畯、九真太守灌邃帥交、廣州兵討之，佛嬰城固守。邃令畯盛兵於前，邃帥勁卒七百人，自後踰壘而入，佛眾驚潰奔走，邃追至林邑，佛乃請降。哀帝（晉哀帝司馬丕，341–365，361–365 在位）昇平（357–361）初，復為寇暴，刺史溫放之討破之。安帝隆安三年（399），佛孫須達（范須達）復寇日南，執太守炅源，又進寇九德，執太守曹炳。交趾太守杜瑗（327–410）遣都護鄧逸等擊破之，即以瑗為刺史。義熙三年（407），須達復寇日南，殺長史，瑗遣海邏督護阮斐討破之，斬獲甚眾。九年（義熙九年〔413〕），須達復寇九真，行郡事杜慧期與戰，斬其息交龍王甄知及其將范健等，生俘須達息郍能，及虜獲百餘人。自瑗卒後，林邑無歲不寇日南、九德諸郡，殺蕩甚多，交州遂致虛弱。[19]

由此可見，位處交州以南的林邑，因趁日南郡地方官吏無能刻薄，遂乘機侵略，以致兵禍連結，而晉軍則屢為林邑所敗，甚至日南郡太守夏侯覽、督護劉雄皆被殺，人口死亡枕藉。在戰爭的打擊下，交州的經濟地位，自然一落千丈。

林邑對交州的侵暴，可說是從無間斷，由晉至宋皆時起時伏，直至宋文帝元嘉二十三年（446），才因劉宋大破林邑，戰事才告一段落。《梁書》卷 54〈諸夷傳〉復載：

> 須達（范須達）死，子敵真立，其弟敵鎧攜母出奔。敵真追恨不能容其母弟，捨國而之天竺，禪位於其甥。國相藏驎固諫不從。其甥立而殺藏驎，藏驎子又攻殺之，而立敵鎧同母異父弟曰文敵（范文敵，? –420）。文敵後為扶南王子當根純（范當根純）所殺，大臣范諸農平其亂，自立為王。諸農死，子陽邁（范陽邁，? –431）立。宋永初二年（421），遣使貢獻，以陽邁為林邑王。陽邁死，子咄（范咄，406 ? –446）立，慕其父復曰陽邁。……
>
> 元嘉（424–453）初，陽邁侵暴日南、九德諸郡，交州刺史杜弘文建牙欲討之，聞有代乃止。八年（元嘉八年〔431〕），又寇九德郡，入四會浦口，交州刺史阮彌

19 姚思廉：《梁書》，頁 784–785。

> 之（？–436）遣隊主相道生帥兵赴討，攻區粟城不剋，乃引還。爾後頻年遣使貢獻，而寇盜不已。二十三年（元嘉二十三年），使交州刺史檀和之（？–456）、振武將軍宗慤（？–465）伐之。和之遣司馬蕭景憲為前鋒，陽邁聞之懼，欲輸金一萬斤，銀十萬斤，還所略日南民戶，其大臣毒僧達諫止之，乃遣大帥范扶龍戍其北界區粟城。景憲攻城，剋之，斬扶龍首，獲金銀雜物，不可勝計。乘勝逕進，即剋林邑。陽邁父子並挺身逃奔。獲其珍異，皆是未名之寶。又銷其金人，得黃金數十萬斤。和之後病死，見胡神為祟。[20]

是故，林邑自晉穆帝永和三年對交州發動侵擾，直至被宋文帝所敗為止，前後侵擾交州差不多達一百年，日南、九德等交州屬郡，大受打擊，以致日益虛弱。廣州卻因位處交州之北，全不受林邑的侵暴影響，故能邁步向前發展，在對外航運和貿易上日漸取代力量虛弱的交州。

我們亦要留意一地的商業盛衰，往往與該地人口多寡有著密切的關係。如果人口繁多，自有充足的勞動力，協力於農工商各業的發展，而市場貿易，亦因人口增加，供求增多，而日形活躍；反之，如果地曠人稀，便會出現勞動力不足，商業貿易自會大減，縱使擁有天然資源或出產奇珍

20 同上書，頁 785–786。

異寶，亦很難發展為交通貿易中心。就史籍所載，將交、廣二州的人口作一比較，即便發覺二地人口有一定差距。就《晉書・地理志》所載，晉代交州戶口是二萬五千六百，[21] 廣州戶口則是四萬三千一百二十，[22] 廣州比交州實多出一萬七千五百二十戶。就《宋書・州郡志》以觀，劉宋時期廣州有四萬九千七百二十六戶、人口二十萬六千六百九十四，[23] 交州則是一萬四百五十三戶，沒有人口的記載。[24] 在戶籍上，廣州於劉宋時期比交州多出三萬九千二百七十三戶。交州由晉至宋，戶口不但沒有增加，反而減少了一萬五千一百四十七戶。另一方面，廣州在這段時期則增加了六千五百零六戶。戶口數目上遠遠落後於廣州的交州，不僅無法提供比廣州更多數量的勞動力，內外市場亦遠較廣州狹小，故其商業和貿易的地位終為廣州取代。

此外，我們亦要著意一地即使有著奇珍異寶的出產，如不能盡早將珍寶送往中原一帶，該地亦會失去交通重心的地位。交、廣二地與黃河和長江流域之距離，可說是關山阻隔。廣州位處交州之北，較交州更為接近中原。據《宋書・州郡志》所載，廣州「去京都水五千二百」，[25] 交州「去京都水

---

21 房玄齡等：《晉書》，卷 15，〈地理志・下〉，頁 465。
22 同上書，卷 15，〈地理志・下〉，頁 466。
23 沈約：《宋書》，卷 38，〈州郡志・四〉，頁 1189。
24 同上書，卷 38，〈州郡志・四〉，頁 1204。
25 同上書，卷 38，〈州郡志・四〉，頁 1189。

一萬」，[26]交州與建業間的距離竟多出廣州與建業間的距離幾近一倍。因此，廣州在商業貿易上的地理位置，自較交州優勝。全漢昇（1912–2001）〈宋代廣州的國內外貿易〉一文關於廣州地理位置的論析，誠可作為本書論說的佐證：

> 廣州在中國歷代對外（尤其對南洋各國）貿易上所以都佔重要地位，據作者的意見，是由於它與腹地（Hinterland。一方面消費由海港輸入的外國商品；他方面生產由海港輸往外國的商品。）的連絡比較密切，便利的原故。在沿海各港中，廣州與腹地（尤其當時政治中心）的連絡，大半有便利的河流可供運輸（以前運輸以河流為主，因運輸費賤而安全。至於海運，則尚未發達；陸路則難運，而運費又貴。）在廣東方面，有北江可一直由廣州至北境。其中走陸路的只是大庾嶺一段。過嶺後，江西又有水道入長江，運河，以至各生產地及消費地。[27]

由於上述所列的各項原因，廣州自六朝以後便日漸取代交州在海外貿易上之地位，而一躍成為中國南方對外的貿易和交通要地。

26 同上書，卷38，〈州郡志・四〉，頁1204。
27 全漢昇：〈宋代廣州的國內外貿易〉，《中央研究院歷史語言研究所集刊》，第8本，第3分（1939年10月），頁307。

三、六朝時期廣州海外交通的發展

自孫吳立國江東以後，孫權對於海上事業的發展，特別是南洋一帶，頗見重視。《三國志》卷47〈吳書．吳主傳〉載：

> 二年（黃龍二年〔230〕）春正月，……遣將軍衛溫（？–231）、諸葛直（？–231）將甲士萬人浮海求夷洲及亶洲。亶洲在海中，長老傳言秦始皇帝遣方士徐福將童男童女數千人入海，求蓬萊神山及仙藥，止此洲不還。世相承有數萬家，其上人民，時有至會稽貨布，會稽東縣人海行，亦有遭風流移至亶洲者。所在絕遠，卒不可得至，但得夷州數千人還。[28]

沈瑩（？–280）《臨海水土志》以「夷洲在臨海東南，去郡二千里」，[29] 而《後漢書》卷85〈東夷列傳〉稱：

> 會稽海外有東鯷人，分為二十餘國。又有夷洲及澶洲。傳言秦始皇遣方士徐福將童男女數千人入海，求蓬萊神仙不得，徐福畏誅不敢還，遂止此洲，世世相承，有數萬家。人民時至會稽市。會稽東冶縣人有入海行遭風，流

---

28 陳壽：《三國志》，頁1136。
29 同上書，頁1136，注。

> 移至澶洲者。所在絕遠，不可往來。[30]

馮承鈞《中國南洋交通史》認為：

> 亶洲或澶洲「所在絕遠」，頗難考其方位。夷洲「在臨海東南，去郡二千里」，似只有琉球郡島可以當之。但是衛溫等春季入海，正是東北季候風盛時，又安知其所至之夷洲不在南海？[31]

這可見孫吳時期的船舶，已有一定的遠航能力。此外，孫權又於赤烏五年（242）「秋七月，遣將軍聶友（？–253）、校尉陸凱（198–269）以兵三萬討珠崖、儋耳」。[32] 珠崖和儋位於瓊州，[33] 即今日的海南島。由於海南島孤懸海中，如要以三萬人前往征討，則需用大量船舶，方可成功。

孫吳時期最值得重視的海上活動，就是孫權遣派朱應、康泰二人往通海南諸國。陳壽所撰的《三國志》未有記載此事，而記載始見於成書較晚的《梁書》。《梁書》卷 54〈諸夷傳〉載：

30 范曄：《後漢書》，頁 2822。
31 馮承鈞：《中國南洋交通史》，頁 12。
32 陳壽：《三國志》，卷 47，〈吳書．吳主傳〉，頁 1145。
33 馮承鈞：《中國南洋交通史》，頁 12。

> 海南諸國，大抵在交州南及西南大海洲上，相去近者三五千里，遠者二三萬里，其西與西域諸國接。……及吳孫權時，遣宣化從事朱應、中郎康泰通焉。其所經及傳聞，則有百數十國，因立記傳。[34]

朱應、康泰二人之遠航南海，在中外交通史上，實足與明代鄭和（1371–1433）七下西洋相媲美。但可惜的是，二人歸國後之著作，已告散佚，我們只能從類書中得見片言隻字，是以對二人之出發地點、沿途所經、最終目的與成就皆無從詳細瞭解。但從二人所經百數十國之多，可想見路途之遙。[35] 由此亦可推論，三國時期，中國人已具備遠洋航行的能力，可以在南海中縱橫遨遊。另外，雖然所有史籍都未曾明確指出衛溫、諸葛直、陸凱、聶友以至朱應、康泰等人海上活動的出發地點，但從他們海程皆南向海南島或南洋，則其間必涉及交州、廣州，殆無疑問。

言及六朝時期海上發展，我們亦應留意當時船舶的構造。因為要遠航至南洋各國，不比近海航行，途中波濤洶湧，航程遙遠，若非有船身堅固、體積巨大的舟艦，是無法達成其目的。當時海上船舶的結構，我們可從著於公元三世紀的《南州異物志》一書得見。惟該書早已失傳，今從宋代

---

34 姚思廉：《梁書》，頁 783。

35 參看馮承鈞：《中國南洋交通史》，頁 11–20。

《太平御覽》一書中見其片言隻字。《太平御覽》卷 769〈舟部·二〉引萬震《南州異物志》，稱：

> 外域人名船曰舡，大者長二十餘丈，高去水三二丈，望之如閣道，載六七百人，物出萬斛。[36]

同書卷 771〈舟部·四〉亦引萬震《南州異物志》稱：

> 外徼人隨舟大小，或作四帆，前後沓載之。有盧頭木葉，如牖形，長丈餘，織以為帆。其四帆不正，前向皆使邪移相聚，以取風吹。風後者激而相射，亦並得風力。若急則隨宜增減之。邪張相取風氣，而無高危之慮，故行不避迅風激波，所以能疾。[37]

這可見在六朝期間航行於南海的商舶，實頗具規模，可載人六、七百，載貨極多。它們均配有風帆，故能在驚濤駭浪的海洋毫無困難地航行。因此，在這樣的背景下，中國與南洋各地間之海外貿易，大為激增，也是必然的了。

六朝史書對當時中外海上貿易的興盛，頗有記載。《南齊書》卷 58〈東南夷傳〉載：

---

36 李昉等：《太平御覽》，頁 3412。

37 同上書，頁 3419。

> 史臣曰：書稱「蠻夷猾夏」，蓋總而為言矣。至於南夷雜種，分嶼建國，四方珍怪，莫此為先。藏山隱海，瓌寶溢目。商舶遠屆，委輸南州，故交、廣富實，牣積王府。充斥之事差微，聲教之道可被。若夫用德以懷遠，其在此乎？[38]

《梁書》卷 54〈諸夷傳〉稱：

> 海南諸國，大抵在交州南及西南大海洲上，相去近者三五千里，遠者二三萬里，其西與西域諸國接。……晉代通中國者蓋尠，故不載史官。及宋、齊，至者有十餘國，始為之傳。自梁革運，其奉正朔，脩貢職，航海歲至，踰於前代矣。[39]

大抵而言，有晉一代，中國與南海間之交通，實不及齊梁時期，觀乎《晉書．四夷傳》所記諸國，在南方者僅得林邑、扶南二國，而南洋以至印度一帶，則全未有所記載。這亦間接反映了中國與南海間之交通貿易往來，在晉代並未發達。

正史中有關晉代中國與南海間之交通貿易，可說是記載不多，但亦可從片言隻字中，見出一點點端倪。晉代石崇

38 蕭子顯：《南齊書》，頁 1018。
39 姚思廉：《梁書》，頁 783。

(249–300) 與王愷鬥豪奢一事，便是一例。《晉書》卷 33〈石苞傳〉載：

> 武帝（晉武帝）每助愷，嘗以珊瑚樹賜之，高二尺許，枝柯扶疏，世所罕比。愷以示崇，崇便以鐵如意擊之，應手而碎。愷既惋惜，又以為嫉己之寶，聲色方厲。崇曰：「不足多恨，今還卿。」乃命左右悉取珊瑚樹，有高三四尺者六七株，條幹絕俗，光彩曜日，如愷比者甚眾。愷怳然自失矣。[40]

這些珊瑚樹，不用説，都來自南海。這亦可見當時朝中貴冑與南海已有一定貿易關係。

此外，關於當時中國與南海間海上活動之情況，我們可從東晉高僧法顯（337–422）所著《佛國記》一書得見。該書載：

> 法顯住此國（師子國，今錫蘭島）二年，更求得彌沙塞律藏本，得《長阿含》、《雜阿含》，復得一部雜藏，此悉漢土所無者。得此梵本已，即載商人大船上，可有二百餘人。後係一小船，海行艱險，以備大船毀壞。得好信風，東下二日，便值大風。船漏，水入；商人欲趣小船，小船上人恐人來多，即斫緪斷。商人大怖，命在須臾，恐

40 房玄齡等：《晉書》，頁 1007。

船水漏。即取麤財貨擲著水中，法顯亦以軍持及澡灌并餘物棄擲海中。但恐商人擲去經像，唯一心念：「觀世音及歸命漢地眾僧，我遠行求法，願威神歸流，得到所止。」如是大風晝夜十三日，到一島邊。潮退之後，見船漏處即補塞之。於是復前，海中多有抄賊，遇輒無全。大海彌漫無邊，不識東西，唯望日月星宿而進。若陰雨時，為逐風去，亦無准。當夜闇時，但見大浪相搏，晃然火色、黿鼉、水性怪異之屬。商人荒遽，不知那向。海深無底。又無下石住處。至天晴已，乃知東西，還復望正而進。若值伏石，則無活路。如是九十日許。乃到一國名耶婆提。

其國外道，婆羅門興盛，佛法不足言。停此國五月日，復隨他商人。大船上亦二百許人，齎五十日糧。以四月十六日發。法顯於船上安居。東北行趣廣州。一月餘日，夜鼓二時，遇黑風暴雨，商人賈客，皆悉惶怖，法顯爾時亦一心念觀世音及漢地眾僧，蒙威神祐，得至天曉。曉已，諸婆羅門議言：「坐載此沙門，使我不利，遭此大苦。當下比丘置海島邊，不可為一人令我等危險。」法顯本檀越，言：「汝若下此比丘，亦并下我；不爾，便當殺我。汝其下此沙門，吾到漢地，當向國王言汝也。漢地王亦敬信佛法，重比丘僧。」諸商人躊躇，不敢便下。於時天多連陰，海師相望僻誤，遂經七十餘日，糧食水漿欲盡，取海鹹水作食，分好水，人可得二升，遂便欲盡。商人議言：「常行時，正可五十日便到廣州。爾今已過期多

> 日，將無僻耶？」即便西北行求岸，晝夜十二日，長廣郡界牢山南岸，便得好水菜。[41]

法顯於東晉隆安三年（399）由長安出發，循陸路經西域而往印度，在彼邦遊學凡十五年，至義熙八年（412）方循海道由南印度回國。我們從《佛國記》一書觀其回航時之情形，便可對當時南海之交通有一清楚瞭解。

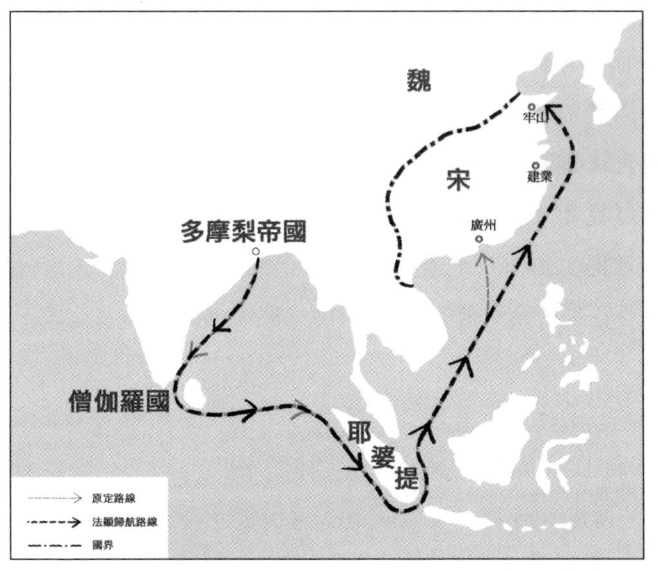

圖二　法顯歸航示意圖

41 釋法顯：《佛國記》，收入《萬有文庫》（上海：商務印書館，1937），頁21–22。

最主要的一點，便是《佛國記》清楚説明商船的航向是廣州。這可知廣州於東晉末、劉宋初之際已逐漸發展成為貿易大港，故外國商舶皆以廣州為前往中國貿易的目的地。此證明廣州於六朝期間已取代交州的地位，成為中國對外交通貿易重心。

就船舶而言，從《佛國記》所載，可知航行於南海的商舶可載客達二百多人，並載有各種貨物，又有小艇隨船後，以備不時之需。這亦可見當時之船舶頗具規模，故航行於遼闊之海洋，亦不稍覺困難。

至於航程方面，由南印度至耶婆提（即今日之爪哇或蘇門答臘），[42] 約需時百多日，而由耶婆提往廣州，就船上只備糧五十日而言，即可估計行程約五十日。但從法顯回航時之備嘗艱苦，可見由中國至印度間之海程，天氣變幻無常，波濤洶湧，一旦遇上風暴，則隨時有舟覆人亡之險。然因利之所在，故海上貿易於六朝期間，可説是從未間斷。

42《佛國記》所述「耶婆提」，岑仲勉（1885–1961）的《佛遊天竺記考釋》以為當指爪哇或蘇門答剌，然因「耶婆之名，昔人復常混用，究為今爪哇抑蘇門答剌，一時尚難論定矣」，見岑仲勉：《佛遊天竺記考釋》（上海：商務印書館，1934），頁 117–118。馮承鈞的《中國南洋交通史》認為耶婆提「即《後漢書》之葉調、劉宋以來著錄之闍婆、梵語之 Yavadvipa，指今之爪哇，亦有考作今之蘇門答剌者」，見馮承鈞：《中國南洋交通史》，頁 29。賀昌群（1903–1973）的《古代西域交通與法顯印度巡禮》指出：「耶婆提的對音是 Yavadvipa，梵語 dvipa 乃『國』之義，故耶婆提即耶婆國。《高僧傳》作闍婆國，耶婆、闍婆的對音為 Yava，音轉為今之爪哇（Java）。但隋唐時代的闍婆，實是今日爪哇和蘇門答臘的總稱。」見賀昌群：《古代西域交通與法顯印度巡禮》（武漢：湖北人民出版社，1956），頁 69。

六朝到了劉宋時期，海上貿易又比晉代大增。就《宋書·夷蠻傳》以觀，所記載的海外國家便有：林邑國、扶南國、訶羅陁國、呵羅單國、媻皇國、媻達國、闍婆婆達國、師子國、天竺迦毗黎國、蘇摩黎國、斤陁利國、婆黎國。這些國家皆先後向劉宋政權遣使貢獻方物，以建立外交上和貿易上的良好關係。[43] 在這背景下，廣州的地位便日形重要了。《宋書》卷 97〈夷蠻傳〉載：

西南夷訶羅陁國，元嘉七年（430），遣使奉表曰：「……伏惟皇帝，是我真主。臣是訶羅陁國王名曰堅鎧，今敬稽首聖王足下，惟願大王知我此心久矣，非適今也。山海阻遠，無緣自達，今故遣使，表此丹誠。……今遣二人，是臣同心，有所宣啟，誠實可信。願敕廣州時遣舶還，不令所在有所陵奪。願自今以後，賜年年奉使。今奉微物，願垂哀納。」[44]

《南齊書》卷 58〈東南夷傳〉亦載：

宋末，扶南王姓僑陳如，名闍耶跋摩，遣商貨至廣州。天竺道人那伽仙附載欲歸國，遭風至林邑，掠其財物

43 參看沈約：《宋書》，卷 97，〈夷蠻傳〉，頁 2377–2392。
44 同上書，頁 2380–2381。

> 皆盡。那伽仙閒道得達扶南，具說中國有聖主受命。[45]

這可見劉宋之時，廣州已發展為南海諸國朝貢和貿易的商港了。

及到南齊時，廣州之地位，更日形重要。在對外貿易方面，因交通便利而大增，「商舶遠屆，委輸南州，故交、廣富實，牣積王府」。[46] 然《南齊書．東南夷傳》僅載林邑、扶南二國，[47] 則南齊對南海的交通與貿易，似不及劉宋之時。

中國和南海諸國之交通貿易，至南梁之時，可說是突飛猛進。《梁書．諸夷傳》所載的海南諸國，便有：林邑、扶南、盤盤、丹丹、干陁利、狼牙脩、婆利、中天竺、師子等國。[48] 由是，在這背景下，廣州的對外貿易劇增。《梁書》卷 33〈王僧孺傳〉載：

> 天監初，（王僧孺）除臨川王（蕭宏）後軍記室參軍，待詔文德省。尋出為南海太守。郡常有高涼生口及海舶每歲數至，外國賈人以通貨易。[49]

---

45 蕭子顯：《南齊書》，頁 1014–1015。
46 同上書，卷 58，〈東南夷傳〉，頁 1018。
47 參看同上書，卷 58，〈東南夷傳〉，頁 1012–1018。
48 參看姚思廉：《梁書》，卷 54，〈諸夷傳〉，頁 784–800。
49 同上書，頁 470。

此外，《南史》亦載有梁代廣州商業突飛猛進，商舶所至日多的情形。《南史》卷 51〈梁宗室傳．上〉載：

> 廣州邊海，舊饒，外國舶至，多為刺史所侵，每年舶至不過三數。及勱（蕭勱）至，纖豪不犯，歲十餘至。[50]

此時，由於自晉宋以來，交州與林邑間時有戰爭，故經濟大為衰落，而廣州則不受戰亂影響，故貿易蒸蒸日上。我們試觀《晉書》、《宋書》、《南齊書》所記海南諸國與中國間之距離，每多以交州與該地相距的里數為準。但《梁書》卷 54〈諸夷傳〉所載，卻有以諸國距廣州里數為準，如：

> 狼牙脩國，在南海中。其界東西三十日行，南北二十日行，去廣州二萬四千里。[51]
>
> 婆利國，在廣州東南海中洲上。去廣州二月日行。國界東西五十日行，南北二十日行。[52]

除了正史的記載外，我們並可從佛教經籍《高僧傳》中，發見不少有關佛教僧侶求佛法而往來廣州和南海間之記載。這

---

50 李延壽：《南史》，頁 1262。
51 姚思廉：《梁書》，頁 795。
52 同上書，頁 796。

些資料都可在一定程度上反映六朝期間廣州和南海間交通往來頻密之情形。梁朝僧人慧皎（497–554）的《高僧傳》卷3〈譯經・下〉載：

> 釋曇無竭，此云法勇，姓李，幽州黃龍人也。幼為沙彌，便修苦行。持戒誦經，為師僧所重，嘗聞法顯等躬踐佛國，乃慨然有忘身之誓。遂以宋永初元年（420），招集同志沙門僧猛（507–588）、曇朗之徒二十五人。共齎幡蓋供養之具，發跡北土，遠適西方。初至河南國，仍出海西郡，進入流沙，到高昌郡。⋯⋯後渡恒河，⋯⋯後於南天竺隨舶汎海達廣州。[53]
>
> 求那跋摩，此云功德鎧，本剎利種。累世為王，治在罽賓國。⋯⋯至年二十，出家受戒，⋯⋯至年三十，罽賓王薨，絕無紹嗣，眾咸議曰：「跋摩帝室之胤，又才明德重，可請令還俗，以紹國位。」群臣數百，再三固請，跋摩不納。乃辭師違眾，林棲谷飲，孤行山野，遁跡人世。後到師子國⋯⋯，後至闍婆國，⋯⋯導化之聲播於遐邇。鄰國聞風，皆遣使要請。時京師名德沙門慧觀、慧聰等，遠挹風猷，思欲餐稟，以元嘉元年（424）九月，面啟文帝（宋文帝），求迎請跋摩。帝即敕交州刺史，令

53 釋慧皎：《高僧傳》，收入《大正新修大藏經》，第50冊（東京：大正一切經刊行會，1928），頁338中–338下。

汎舶延致。觀等又遣沙門法長、道沖、道俊等往彼祈請，并致書於跋摩及闍婆王婆多加等。必希顧臨宋境，流行道教。跋摩以聖化宜廣，不憚遊方，先已隨商人竺難提舶欲向一小國，會值便風，遂至廣州。[54]

求那跋陀羅，此云功德賢，中天竺人，以大乘學，故世號摩訶衍，本婆羅門種。……跋陀前到師子諸國，皆傳送資供，既有緣東方，乃隨舶汎海。中途風止，淡水復竭，舉船憂惶，跋陀曰：「可同心并力念十方佛，稱觀世音，何往不感。」乃密誦咒經，懇到禮懺。俄而信風暴至，密雲降雨，一舶蒙濟，其誠感如此。元嘉十二年（435）至廣州。[55]

唐朝僧人道宣（596–667）的《續高僧傳》卷 1 亦載：

拘那羅陀，陳言親依，或云波羅末陀，譯云真諦，並梵文之名字也，本西天竺優禪尼國人焉。……雖遵融佛理，而以通道知名。遠涉艱關，無憚夷險，歷遊諸國，隨機利見。梁武皇帝德加四域，盛昌三寶，大同中敕直後張汜等送扶南獻使返國，仍請名德三藏、大乘諸論、《雜華經》等。真諦遠聞，行化儀，軌聖賢，搜選名匹，惠益氓

54 同上書，頁 340 上–340 下。
55 同上書，頁 344 上。

> 品；彼國乃屈真諦，并齎經論，恭膺帝旨。既素蓄在心，渙然聞命、以大同十二年（546）八月十五日達於南海。沿路所經，乃停兩載，以太清二年閏八月始屆京邑。

從這一連串佛教僧侶往來於廣州與南海間之例，正可反映六朝時期廣州和南海各國的交通是如何頻密。至此，我們可得一結論：這就是在魏晉六朝時期，廣州已發展為中國對外交通貿易的重要港口。

四、六朝時期廣州商業的繁盛

廣州一帶和中原間之貿易關係，早在秦漢時期便已開始。此因嶺表一帶，雖然叢林遍野，地曠人稀，但因有各種珍奇特產，為中原人士所未見，故漢代著名長詩〈孔雀東南飛〉（原題為〈古詩無名人為焦仲卿妻作〉）便有「雜綵三百疋，交廣市鮭珍」之句。[56] 廣州雖偏處南陲，然商業貿易極為興盛，供應了中原大量的消費品。《史記》卷 129〈貨殖列傳〉載：

56 徐陵（507–583）編：《玉臺新詠》（北京：文學古籍刊行社，1955 年影印明代寒山趙氏刊本），卷 1，頁 9 上，總頁 23。

> 九疑、蒼梧以南至儋耳者，與江南大同俗，而楊越多焉。番禺亦其一都會也，珠璣、犀、瑇瑁、果、布之湊。[57]

《漢書》卷 28 下〈地理志．下〉亦載：

> 處近海，多犀、象、毒冒、珠璣、銀、銅、果、布之湊，中國往商賈者多取富焉。番禺，其一都會也。[58]

《後漢書》卷 31〈賈琮傳〉復載：

> 舊交阯土多珍產，明璣、翠羽、犀、象、瑇瑁、異香、美木之屬，莫不自出。[59]

由此，我們可見在秦漢時期，中原人士對南方的土特產已需求甚殷，而番禺亦因此而發展為一都會。

大致來説，南方的物品，使中原人士感到新奇有趣的計有：玳瑁、明珠、香木、犀象、荔枝、翡翠、葛布等。這些物產的特色，我們可從東漢時番禺人楊孚所撰《異物志》一書以見。據冼玉清考證，該書乃廣東人的第一部科學著作。[60]

---

57 司馬遷：《史記》，頁 3268。
58 班固：《漢書》，頁 1670。
59 范曄：《後漢書》，頁 1111。
60 冼玉清：《廣東文獻叢談》，頁 1。

《異物志》載：

瑇瑁，如龜，生南海，大者如籧篨，背上有鱗，鱗大如扇，有文章。將作器，則煮其鱗，如柔皮。[61]

木有摩廚，生於斯調。厥汁肥潤，其澤如膏。馨香馥郁，可以熬膏。彼州之民，仰為嘉肴。[62]

栟櫚，椶也，皮可作索。枸桹，樹也。直而高，其用與栟櫚同。栟櫚出武陵山，枸桹出廣州。木棉樹高大，其實如酒杯，皮薄，中有如絲綿者，色正白，破一實，得數斤。廣州、日南、交趾、合浦皆有之。[63]

荔支為果，多汁，味甘，絕口，又小酸，所以成其味，可飽食。不可使厭，生時大如雞子，其膚光澤。皮中食，乾則醮，小則肌核不如生時奇，四月始熟也。[64]

藿香，交趾有之。豆蔻生交趾，其根似薑而大，從根中生，形似益智皮，殼小，厚核如石榴，辛且香。薑彙大如累，氣猛近於臭，南土人擣之以為齏。蒣，一名廉薑，生沙石中，薑類也。其累大，辛而香；削皮，以黑梅并鹽汁漬之則成也，始安有之。[65]

61 楊孚撰，曾釗（1793–1854）輯：《異物志》，收入《叢書集成初編》（上海：商務印書館，1936 年據《嶺南遺書》本排印），頁 9。
62 同上書，頁 10。
63 同上注。
64 同上書，頁 11–12。
65 同上書，頁 15。

> 甘蔗，遠近皆有。交趾所產甘蔗特醇好，本末無薄厚，其味至均，圍數寸，長丈餘，頗似竹。斬而食之，既甘，迮取汁如飴餳，名之曰「糖」，益復珍也。又煎而曝之，既凝而冰，破如磚，其食之，入口消釋，時人謂之：「石蜜」者也。[66]

值得留意的一點，便是這些特產如瑇瑁、明珠、香木、茘枝、蔗糖等，並非生活必需品。但中原貴族士大夫們，追求奢侈生活，對這些物產需求甚殷；於是，便使廣州的商業蓬勃發展起來。

在三國鼎立之時，雄鎮交部的士燮便常將南方的物產，貢獻於江東孫氏。《三國志》卷 49〈吳書 · 士燮傳〉載：

> 燮每遣使詣權，致雜香細葛，輒以千數，明珠、大貝、流離、翡翠、瑇瑁、犀、象之珍，奇物異果，蕉、邪、龍眼之屬，無歲不至。[67]

對於這些特產，吳國的統治階層都視為消費品而已。《三國志》卷 53〈吳書 · 薛綜傳〉載：

66 同上書，頁 16。
67 陳壽：《三國志》，頁 1192–1193。

縣官羈縻，示令威服，田戶之租賦，裁取供辦；貴致遠珍名珠、香藥、象牙、犀角、瑇瑁、珊瑚、琉璃、鸚鵡、翡翠、孔雀、奇物，充備寶玩，不必仰其賦入，以益中國也。[68]

於是，吳人便將這些南方特產，轉送中原的魏國。裴松之《三國志注》援用的《江表傳》載：

是歲（黃初二年〔221〕），魏文帝遣使求雀頭香、大貝、明珠、象牙、犀角、瑇瑁、孔雀、翡翠、鬪鴨、長鳴雞。……權曰：「……彼所求者，於我瓦石耳，孤何惜焉？」[69]

正因有著這樣的看法，故孫權便將這些出自南方的交、廣土特產，與曹魏進行貿易，購買出自中原，對軍事和經濟都有著重要價值的馬匹。《三國志》卷 47〈吳書・吳主傳〉載：

（嘉禾四年〔235〕）魏使以馬求易珠璣、翡翠、瑇瑁，權曰：「此皆孤所不用，而可得馬，何苦而不聽其交易？」[70]

---

68 同上書，頁 1252。
69 同上書，頁 1124。
70 同上書，頁 1140。

由此，可反映中原人士對南方物產的渴求，而孫吳政權亦因有著這些特產而令廣州商業日益發達。

西晉統一中國，雖然為時短暫，但商業仍見興盛；及五胡亂華之禍驟然爆發，廣州因偏處南陲，故未受影響。廣州出土的晉塼上所刻「永嘉世，天下荒，余廣州，皆平康」與「永嘉七年癸酉，皆宜價市」，[71] 均可證明廣州在永嘉時期商業仍能平穩地發展。《晉書》卷 90〈吳隱之傳〉載：

> 廣州包帶山海，珍異所出，一篋之寶，可資數世。[72]

晉室貴族，對於奢侈的生活，熱切追求，所以為了求取這些「可資數世」的珍品，便不惜違法，遣人往交、廣貿易，以致被有司彈劾降爵。《晉書》卷 37〈宗室義陽成王望傳〉稱：

> 奇（司馬奇）亦好畜聚，不知紀極，遣三部使到交廣商貨，為有司所奏，太康九年（288），詔貶為三縱亭侯。[73]

這種為求寶貨而不惜與民爭利之記載，亦間接反映了六朝時期廣州商業的繁榮和中原人士對交廣商貨需求之殷。

---

71 汪宗衍：《廣州西村大刀山晉塼記》，頁 2 下、3 上。
72 房玄齡等：《晉書》，頁 2341。
73 同上書，頁 1087。

另一方面，廣州的人亦十分需要各種中原物產。就晉代而言，廣州人民急需能鑄造大鼓的銅。由於需求過殷的關係，朝廷只得申令禁制。《晉書》卷 26〈食貨志〉載：

> 晉自中原喪亂，元帝（晉元帝）過江，用孫氏（孫權）舊錢，輕重雜行，大者謂之「比輪」，中者謂之「四文」。吳興沈充（？–324）又鑄小錢，謂之「沈郎錢」。錢既不多，由是稍貴。孝武（晉孝武帝）太元三年（378）詔曰：「錢，國之重寶，小人貪利，銷壞無已，監司當以為意。廣州夷人寶貴銅鼓，而州境素不出銅，聞官私賈人皆於此下貪『比輪錢』斤兩差重，以入廣州，貨與夷人，鑄敗作鼓。其重為禁制，得者科罪。」[74]

這反映了廣州的富庶。廣州人士如非生活富有，是不可能大量購買銅錢以作鼓。

劉宋以後，廣州地方嘗以各種奢侈物產上貢朝廷，為節儉成性的劉裕所不喜，並加以申斥。《南史》卷 1〈宋本紀．上〉載：

---

74 同上書，頁 795。

> 廣州嘗獻入筒細布，一端八丈，帝惡其精麗勞人，即付有司彈太守，以布還之，並制嶺南禁作此布。[75]

廣州地區富庶奢靡，所貢布匹，亦使帝王感其過度精細，而加以禁止。《宋書》卷 34〈五行志〉載：

> 孝武帝（宋孝武帝）大明三年（459），廣州刺史費淹獻三角水牛。[76]

同書卷 29〈符瑞志・下〉亦載：

> 明帝（宋明帝）泰豫元年（472）六月辛丑，白雀見廣州，刺史孫超以獻。[77]

廣州的地方官經歷入筒細布被禁一事後，紛紛改變方針，轉為向中央呈獻珍禽異獸。

自劉宋以降，爰及陳代，海外貿易交通，大為興盛，廣州此時既漸取代交州之地位，故其發展，更見迅速。《南齊書》卷 58〈東南夷傳〉的「史臣曰」便稱：

---

75 李延壽：《南史》，頁 28。
76 沈約：《宋書》，頁 989。
77 同上書，頁 847。

> 南夷雜種，分嶼建國，四方珍怪，莫此為先。藏山隱海，瓌寶溢目，商船遠屆，委輸南州，故交、廣富貴，牣積王府。[78]

此時海外諸國貢獻珍品日繁。茲據《宋書．夷蠻傳》與《梁書．諸夷傳》表列海外各國入貢年份與所貢珍品名稱（只貢「方物」者從略）如下：

國名	物產名稱	年份
林邑	金銀器、香布	大明二年（458）[79]
扶南	珊瑚佛像	天監二年（503）[80]
呵羅單	金剛指鐶、赤鸚鵡鳥、天竺國白疊古貝、葉波國古貝	元嘉七年（430）[81]
婆皇國	赤白鸚鵡	大明三年（459）[82]
師子國	牙臺像	元嘉五年（428）[83]
天竺迦毗黎國	金剛指環、摩勒金環諸寶物、赤白鸚鵡各一頭	元嘉五年（428）[84]

78 蕭子顯：《南齊書》，頁 1018。
79 沈約：《宋書》，卷 97，〈夷蠻傳〉，頁 2379。
80 姚思廉：《梁書》，卷 54，〈諸夷傳〉，頁 789。
81 沈約：《宋書》，卷 97，〈夷蠻傳〉，頁 2381。
82 同上書，卷 97，〈夷蠻傳〉，頁 2383。
83 同上書，卷 97，〈夷蠻傳〉，頁 2384。
84 同上書，卷 97，〈夷蠻傳〉，頁 2385–2386。

國名	物產名稱	年份
斤陁利國	金銀寶器	孝建二年（455）[85]
盤盤國	牙像及塔、沉檀等香數十斤	中大通元年（529）[86]
	菩提國真舍利、畫塔、菩提樹葉、詹糖等香	中大通六年（534）[87]
丹丹國	牙像及塔各二軀、火齊珠、吉貝、雜香藥等	中大通二年（530）[88]
	金、銀、琉璃、雜寶、香藥等物	大同元年（535）[89]
干陁利國	金銀寶器	宋孝武世（453–464）[90]
	玉盤等物	天監元年（502）[91]
	金芙蓉、雜香藥	天監十七年（518）[92]
婆利國	白鸚鵡、青蟲、兜鍪、琉璃器、吉貝、螺杯、雜香、藥等數十種	普通三年（522）[93]
中天竺國	琉璃唾壺、雜香、吉貝等物	天監（502–519）初[94]

85 同上書，卷 97，〈夷蠻傳〉，頁 2386。
86 姚思廉：《梁書》，卷 54，〈諸夷傳〉，頁 793。
87 同上注。
88 姚思廉：《梁書》，卷 54，〈諸夷傳〉，頁 794。
89 同上注。
90 同上注。
91 同上注。
92 同上書，卷 54，〈諸夷傳〉，頁 794–795。
93 同上書，卷 54，〈諸夷傳〉，頁 797。
94 同上書，卷 54，〈諸夷傳〉，頁 799。

雖然，《宋書》與《梁書》並未載明這些貢品經由何處輸入，但從廣州在六朝期間交通與貿易日趨頻繁的事實推想，則當中難免有途經廣州入貢者。除了本土的特有物產外，再加上從海外輸入的各種珍品，廣州在六朝後期實已發展為商貿重鎮了。

總括而言，廣州在六朝期間，無論對內和對外，商業貿易都急劇發展，成為附益江南之商業都會。就中央政權而言，廣州已成為朝廷的重要經濟支柱；就地方經濟而言，廣州的商業貿易發展，已為唐、宋時期的進一步飛躍發展鋪好道路。

結論

一般而言，凡有愛國心和強烈民族感情的中國人，每當讀史至魏晉南北朝這片斷時，都會掩卷歎息，唏噓不已。因為，這一個時代，由東漢末年董卓作亂以至隋師渡江滅陳為止，中國除了在西晉時期有著短暫的統一局面外，一直是四分五裂，禍亂相尋，骨肉殘殺。這段時期，漢族統一王朝在中國歷史上首次淪亡於少數民族之手。隨著五胡亂華，西晉覆亡，生我育我的中華民族大搖籃——黃河流域，即為胡人鐵蹄所踐踏，成為長時期戰亂的殺伐場所，經濟、民生都因戰亂而受到徹底的破壞。在這種動亂的情況下，為了求取生存，更為了不願在胡族的蹂躪下屈辱過活，一部分漢族士大夫和普通老百姓便由戰亂的黃河流域，輾轉流徙到南方去。

東晉以後，南北對峙近三百年。南朝各代，除了改朝換代的間歇性動亂外，並沒有在經濟和民生方面遭到太嚴重的破壞。所以，大體上社會仍處在安定的狀態中，故南方的經濟和文化發展，仍得持續。

但在北強南弱形勢日漸形成下，加以南朝的統治者和貴族，多耽於逸樂，不願再北伐中原，光復故土。於是，統治階層的注意力，已漸由面向北方強敵，轉而埋首於境內建設。這加上自南遷以來，國土已淪喪了一半於胡羯手上，所以，南朝各政權，對其轄內州郡，無論怎樣偏遠荒蕪，亦務求加以管理控制。此因若不如此，如南方各州郡又起反亂的話，那末南朝的統治階層及其支持者，便將無退路了。在這樣的情況下，偏處南方的廣州，便日漸顯得重要了。

其實，在三國鼎立之時，江東孫吳政權便早已有著延伸其勢力進入表面上臣服、實際上叛服不常的嶺南。廣州由交州分出，建置成另一行政區域，即表明了孫吳政權這一決心。

由孫吳以迄南陳，不論由何人掌權，中央對廣州加強控制的決心並未稍減。因此，地方豪酋勢力過於膨脹，對朝廷構成威脅時，就必被剷除。

但由於廣州偏處南陲，遠離朝廷，五嶺又從中隔絕，與江左交通不便，天氣炎熱，叢林遍佈，人口稀少，俚僚為亂，這都構成了六朝期間南朝政權在廣州施政的困難。加以當時南朝各政權還要面對佔據了中原故土的胡人，恐其隨時發兵南下，故絕不能稍有鬆懈。在分身不暇之餘，建國於江左的南朝各政權，便不免對廣州有鞭長莫及之歎。

所以，當我們論及六朝時期朝廷與廣州的關係時，便發覺彼此充滿矛盾。朝廷一方面要將注意力放於荊、揚二州，以鞏固其已據有的地盤；又聚重兵於沿邊險要，以防胡人南下。但卻又要延伸其勢力往南方的廣州，使其永遠歸順，而絕不因面對北方的強大敵人而將廣州放棄。

建立在江左的南朝各政權，雖然大多耽於逸樂，萎靡不振，而且內憂外患並至，但對廣州施行的策略，卻頗見成功。這一點，我們從六朝期間廣州從未出現任何割據政權一事，便可得見。

正因為南朝的政權能夠控制著廣州，使南方日趨穩定，廣州的開發，遂在六朝期間日見加速了。特別是自永嘉之亂後，中原人士大量遷居南方，由晉至宋，廣州的人口大為增加。隨著戶口的增加，勞動力自然加強，土地更得開發，廣州地區的經濟民生也得以大為改善。

但是，隨著廣州的日益繁榮，各項問題也隨之產生。首先，廣州的吏治不良，貪瀆成風，自兩漢以來已屢見不鮮。六朝以後，情況更見嚴重，故有「廣州刺史但經城門一過，便可得三千萬」之說。[1] 雖然這種貪墨風氣反映了廣州一定程度上的繁榮，但這種只顧搜刮，不理民生的政風，始終成為廣州發展的障礙。

由於廣州地區天氣炎熱，山林遍佈，使中原人士有水土不服之苦。更且遠離朝廷，偏處南陲，為宦於此，實亦有投身蠻荒之歎。所以宗室貴族，多不願赴任廣州。但因廣州物產豐盛，明珠寶玩，又為中原人士所渴求，自齊、梁以來，海外貿易大增，外國珍奇異物，亦源源流入，這便令遠離朝廷監視督促，可自作主張的州郡官吏，有上下其手、大加搜刮的機會。是故，廣州的官吏一直貪墨成風。所幸在此

1　蕭子顯：《南齊書》，卷 32，〈王琨傳〉，頁 578。

期間，每一政權總有少數廉潔自守、保持清操的廣州地方官吏，其中較著名者有陶侃、吳隱之、蕭勱等，他們不單樹立了良好的風範，而且更因勤政愛民，除去苛政，而使廣州步上繁榮之境。

在六朝期間，廣州所面對的另一項問題，便是少數民族的叛服不常、不願歸附。這些少數民族的騷亂，雖然不如北方的胡羯般構成嚴重的威脅，但終究是妨礙著廣州的開發。少數民族起而反叛之原因有多方面，但由於漢人來者日多，藉著朝廷的政治和軍事力量，兼併了少數民族在廣州的原居地，逼使他們遷居到山區去。這更加上少數民族和漢族之間生活語言、風俗習慣互不相同，更使彼此間的矛盾尖銳。所幸在六朝後期，漢族和少數民族同時發覺彼此互爭，徒使大家受害。於是，隨著一位能知大體、有卓越見識的女酋長冼夫人的出現，使六朝期間不肯歸附、時起叛變的少數民族難題，出現了紓解的契機。冼夫人自嫁與高涼太守馮寶後，奉行保境安民、歸順中央的政策，從而使廣州地區在梁末大亂中，不受影響而得繼續開發。馮冼聯婚，代表了中央與地方、北人與南人的結合。兩個民族、兩種勢力在廣州溝通同化，同踏上富強康樂之境。

在內部日趨穩定的情況下，廣州港對外交通貿易，便告大增，甚而逐漸取代交州的地位，成為中國南方的第一大商港。特別是宋、齊以後，海外商舶來者更多，每年有十餘艘前來貿易；而中國的商船，更遠航至印度洋。海外知識的日博，各種珍奇寶玩的流傳，佛教、婆羅門教之傳播，使中國人的精神和物質生活，日趨豐富。

至此，我們可得一結論，在魏晉南北朝期間，中國的南方得到開發，甚至偏遠的廣州也發展起來。這不單在政治上和朝廷聯繫得比秦漢時期更見密切；境內的少數民族問題，在得到逐漸紓解後彼此日趨融和；地方官員的吏治，也在逐步改善。海外貿易的發展，更使廣州趨於繁榮富庶。因此，魏晉南北朝在中國歷史上是一個動亂的時代，但是，我們絕不能因為漢族政權在政治上只能偏安一隅，而輕視其開發南方的成就。

同樣，我們對廣州的開發，也應予以重視。雖然，在六朝期間，廣州的地位，始終不如荊州、揚州、益州之重要，但在六朝期間，在各方的努力經營下，廣州卻得大加開發，逐漸由滿佈山林瘴氣的炎荒之地轉變為富甲一方的交通貿易重心。這不單在經濟、政治、軍事上支持了江左的六朝政權，也為廣州在唐、宋時期的繁榮，厚植了基礎。

徵引書目

一、書籍

1. 二十五史刊行委員會編：《二十五史補編》，上海：開明書店，1937。
2. 仇池石輯：《羊城古鈔》，嘉慶十一年（1806）大賚堂藏板。
3. 王仲犖：《魏晉南北朝隋初唐史》，上海：上海人民出版社，1961。
4. 方豪：《中西交通史》，臺北：華岡出版，1977。
5. 中國科學院考古研究所編：《新中國的考古收穫》，北京：文物出版社，1961。
6. 司馬光編著，胡三省音注，「標點《資治通鑑》小組」校點：《資治通鑑》，北京：中華書局，1976。
7. 司馬遷：《史記》，北京：中華書局，1972。
8. 伯希和撰，馮承鈞譯：《交廣印度兩道考》，上海：商務印書館，1933。
9. 岑仲勉：《佛遊天竺記考釋》，上海：商務印書館，1934。
10. 李延壽：《南史》，北京：中華書局，1975。
11. 李昉等：《太平御覽》，北京：中華書局，1963年據上海涵芬樓影宋本重印。

12. 汪兆鏞等：《廣州城殘塼錄（附大刀山晉塼記）》，廣州：不標出版者，1932。
13. 沈約：《宋書》，北京：中華書局，1974。
14. 阮元主編：《廣東府志》，道光二年（1822）刻本。
15. 冼玉清：《廣東文獻叢談》，香港：中華書局，1965。
16. 屈大均：《廣東新語》，香港：中華書局，1974。
17. 房玄齡等：《晉書》，北京：中華書局，1974。
18. 姚思廉：《梁書》，北京：中華書局，1973。
19. 姚思廉：《陳書》，北京：中華書局，1972。
20. 范文瀾：《中國通史簡編》，修訂本第 2 編，北京：人民出版社，1965。
21. 范曄撰，李賢等注：《後漢書》，北京：中華書局，1973。
22. 徐陵編：《玉臺新詠》，北京：文學古籍刊行社，1955 年影印明代寒山趙氏刊本。
23. 班固撰，顏師古注：《漢書》，北京：中華書局，1962。
24. 張星烺編撰：《中西交通史料匯編》，北平：輔仁大學圖書館，1930。
25. 章如愚：《山堂先生群書考索續集》，元延祐七年（1320）圓沙書院刻本。
26. 習鑿齒撰，湯球輯：《漢晉春秋輯本》，收入《叢書集成初編》，上海：商務印書館，1937 年據《史學叢書》本排印。

27. 郭廷以等主編：《中越文化論集》，臺北：中華文化出版事業委員會，1956。
28. 郭沫若主編：《中國史稿》，第 2 冊，北京：人民出版社，1977。
29. 陳壽撰，裴松之注，陳乃乾校點：《三國志》，北京：中華書局，1973。
30. 勞榦：《魏晉南北朝史》，臺北：華崗書局，1971。
31. 費瑯撰，馮承鈞譯：《崑崙及南海古代航行考》，上海：商務印書館，1933。
32. 賀昌群：《古代西域交通與法顯印度巡禮》，武漢：湖北人民出版社，1956。
33. 馮承鈞：《中國南洋交通史》，上海：商務印書館，1936。
34. 楊孚撰，曾釗輯：《異物志》，收入《叢書集成初編》，上海：商務印書館，1936 年據《嶺南遺書》本排印。
35. 劉恂：《嶺表錄異》，收入《叢書集成初編》，上海：商務印書館，1936。
36. 劉昫等：《舊唐書》，北京：中華書局，1975。
37. 劉義慶撰，劉孝標注：《世說新語》，香港：中華書局，1974。
38. 蕭子顯：《南齊書》，北京：中華書局，1972。
39. 韓愈：《韓昌黎全集》，上海：國學整理社，1935。
40. 戴肇辰主編：《廣州府志》，廣州粵秀書院光緒五年(1879) 刊本。

41. 魏徵、令狐德棻：《隋書》，北京：中華書局，1973。
42. 藤田豐八撰，何健民譯：《中國南海古代交通叢考》，上海：商務印書館，1936。
43. 釋法顯：《佛國記》，收入《萬有文庫》，上海：商務印書館，1937。
44. 釋慧皎：《高僧傳》，收入《大正新修大藏經》，第50冊，東京：大正一切經刊行會，1928。
45. 釋贊寧：《宋高僧傳》，收入《大正新修大藏經》，第50冊，東京：大正一切經刊行會，1928。
46. Wheatley, Paul. *The Golden Khersonese: Studies in the Historical Geography of the Malay Penninsula Before A.D. 1500*. Kuala Lumpur: University of Malaya Press, 1961.

二、論文

1. 上海交通大學「造船史話」組：〈秦漢時期的船舶〉，《文物》，1977年第4期，頁18–22。
2. 全漢昇：〈宋代廣州的國內外貿易〉，《中央研究院歷史語言研究所集刊》，第8本，第3分（1939年10月），頁303–356。
3. 林天蔚：〈隋譙國夫人事蹟質疑及其嚮化與影響〉，《中央研究院歷史語言研究所集刊》，第43本，第2分（1971年12月），頁221–237。

4. 麥英豪、黎金：〈廣州西郊晉墓清理報導〉，《文物參考資料》，1955年第3期，頁24–34。

5. 勞榦：〈二千年來的中越關係〉，載郭廷以等主編：《中越文化論集》，頁36–63，臺北：中華文化出版事業委員會，1956。

跋

陳耀南教授四十年前在英華書院禮堂悼念　先父的哀悼辭〈敬悼紹璋〉說：

> 二十一年來，我目睹紹璋自幼而長，都充分表現一種和平而堅毅、自強而仁愛的高貴性格。他絕不因為自己的限制，而自怨自憐，傷春悲秋；更不會憤世嫉俗，刻薄妬忌。記得當時全部中一都在英華五樓，後來中四、五、六、七的文科班，又都在四、五樓，年年月月，紹璋千百次攀上高高的樓梯，比其他人艱苦幾倍地登上樓梯，登上學校的樓梯，登上學問的樓梯，登上事業的樓梯。不錯，他付出了加倍的精力，克服了加倍的艱苦，但也鍛練成加倍堅毅的意志。最可貴的還是：他時常都如此心平氣和，甚至興奮愉快。[1]

四十年後的今天，年高德劭的陳耀南教授知悉　先父著作行將付梓，感慨萬千，因而惠賜當年悼辭為序，以表達對父親

1　英華書院編：《古紹璋先生哀思錄》（香港：英華書院，1984），頁 17。

的懷念。

的確，要登上學問的樓梯，絕非易事。我從 2022 年 4 月起整理　先父這篇香港大學碩士論文（論文由金發根老師指導，金老師畢業於臺灣大學歷史系，師承勞榦教授，專門研究秦漢、南北朝時期的國史；金老師在 2023 年去世，享年九十歲），其間，我便深深體會到父親鑽研學問是何其辛勞 —— 他從廣州在上古時期的概況，六朝時期的吏治、經濟、貿易、與中原漢族融合的過程等多方面，研究並分析廣州如何逐漸開發成中國對外的交通經濟樞紐。過程之艱苦，恐怕非具備堅毅的意志、愉快的心境不可！

先父論文研究的「廣州」，除指今日廣東省的大部分地方外，還包括廣西省和越南北部的部分地區。今天的「廣州市」，則在六朝時期被稱為「番禺」。

十年人事幾番新，何況二十世紀七十年代末期至二十一世紀二十年代前期的香港與廣州！二十世紀八十年代起，很多與父親論文相關的古跡遺物已被陸續發現。為此，我和家母自去歲歲末起，幾番赴穗城考察，盼能為這些地方拍下影片，做個紀錄：

一、廣州在南朝時期的官署遺址，與南越王宮遺址在 1995 至 2000 年間重見天日。南越王御花園的曲流石渠、南朝官署的沙井和暗渠等，都能在同一遺址上盡收眼簾。遺址如今納入南越王宮博物館，位於越秀區北京路。 先父撰文時，該處為廣州市兒童公園。

二、南越文帝趙眜墓在 1983 年政府興建中國大酒店時被發現，「文帝行璽」金印、以二千二百九十一塊玉片穿繫而成的絲縷玉衣，以及趙眜頭骨殘片、妾室左夫人骨殖等相繼出土。遺址位於越秀區象崗山，現建成南越王墓博物館。

三、南朝宋文帝元嘉廿七年（450）的「滑石買地券」於 2004 年在淘金東路中星小學工地被發現。這塊方型滑石記錄了墓主人龔韜的住址、官職、死亡時間及「陰宅買地」面積、費用等。龔韜先祖非番禺人士，他「很可能是隨東晉末年盧循起事遷入嶺南的江南士庶之士後裔」，[2] 他終其一生卻安居於番禺，並擔任官職。這或可印證　先父析述廣州在劉宋時期「人口高度集中於轄有番禺的南海郡」的「特殊核心性發展」。「滑石買地券」現存於廣州博物館（即越秀公園鎮海樓）。

除了上述遺址和文物外，我在廣州考察期間也找到了　先父論文提及的一些地方：

一、秦漢造船工場遺址，現今納入南越王宮博物館。從造船廠的規模可見，秦漢時番禺的海上事業已相當蓬勃。

二、永嘉時期的晉代墓磚，現收藏於廣州博物館。博物館展示了四塊晉磚，刻有「永嘉世，天下荒，余廣州，平且康」和「永嘉世，九州空，余吳土，盛且豐」的兩塊是　先父認為最能反映永嘉時期中原漢人為躲避屠戮而南遷廣州的

2　見卜松竹：〈一塊滑石 214 個字　這就是廣州最早發現的南朝「買地券」〉，《廣州日報》，2020 年 10 月 4 日，頁數不詳。

情況。另刻有「永嘉七年癸酉，皆宜價市」的一塊則可顯示廣州民眾在晉代時已有濃厚的商賈意識。這四塊晉磚皆在1954年於廣州市北站附近的孖崗出土。

我在廣州考察這些遺址和文物時，恍如置身於古代，一幕幕歷史大事、商貿活動、民間生活的畫面閃現在我的眼前！劉勰《文心雕龍》説：「登山則情滿於山，觀海則意溢於海。」[3] 用心感受歷史，就會發現我和歷史的距離並不遙遠！隨著更多的古物出土，以及智能電話日漸普及，我們今天要找到廣州在六朝或以前的第一手史料，或許遠比　先父撰文時容易。然而，如果沒有他的專文析述，要梳理上文多個地點、文物千絲萬縷的關係，恐怕不太容易。整理　先父的論文雖然耗時不少，但我在辛苦過後，站在眾多古物面前發思古之幽情時，原來真的如陳耀南教授所言，「心平氣和，甚至興奮愉快」！

儘管父親的論文已完成了將近半個世紀，廣州眾多博物館仍側重介紹廣東省在漢代以及唐、宋以後的歷史，對六朝時期的廣州，似仍有空間展示更多的史料。因此，我認為　先父的論文在今天仍具參考價值。

最後，　先父著作能夠順利出版，我實在衷心感謝所有支持我的人！感謝學苑耆宿單周堯教授慷慨題簽；感謝德高望重的陳耀南教授遙郵賜序，並親自致電向我打氣；感謝家母

3　劉勰：《文心雕龍》（上海：商務印書館，1937），頁38。

多次陪伴我到廣州考察文物。此外，亦感謝三聯書店梁偉基博士、朱卓詠小姐統籌　先父著作出版事宜！

匆匆數筆，未克盡言，數行佈謝，聊表微忱，斯為跋！

古競豪謹識

2024 年 10 月

封面題字　單周堯

策劃編輯　梁偉基
責任編輯　朱卓詠
書籍設計　陳朗思

書　　名　六朝時期廣州的開發
著　　者　古紹璋
編　　校　古競豪
出　　版　三聯書店（香港）有限公司
　　　　　香港北角英皇道四九九號北角工業大廈二十樓
香港發行　香港聯合書刊物流有限公司
　　　　　香港新界荃灣德士古道二二〇至二四八號十六樓
印　　刷　美雅印刷製本有限公司
　　　　　香港九龍觀塘榮業街六號四樓 A 室
版　　次　二〇二四年十一月香港第一版第一次印刷
規　　格　大三十二開（140 mm × 210 mm）二一六面
國際書號　ISBN 978-962-04-5549-0

Published & Printed in Hong Kong, China.